Als Allen Ginsberg 1958 in New York ankam, sah er es wie »alle Kirch-
türme und Architekturen und Kathedralen Europas zusammen auf
einem Regal, nur massiver und höher«. Für ihn war es ein Ort, der
»kosmischen Jazz« hervorbrachte. Für den Waliser Dylan Thomas war
die Stadt »so gemütlich wie Toast und kühl wie ein Eisfach«.

New York ist die Stadt krasser Gegensätze, prahlerischer Reichtum
existiert neben bitterster Armut. »Mammon ist der Gott der führen-
den Weltreligion, und sein Haupttempel ist die heilige Stadt New
York«, schrieb Ambrose Bierce in seinem *Wörterbuch des Teufels*. Wer
hierherkam, suchte Erfolg, und wer es im *Big Apple* schafft, schafft es
überall auf der Welt, sang Frank Sinatra und schrieb John Dos Passos.
Die Lebensbedingungen der Menschen jedoch, die im neunzehnten
Jahrhundert auf der Suche nach einem besseren Leben, nach ebenjenem
Erfolg, hierherkamen, konnten schlimmer nicht in den europäischen
Metropolen gewesen sein, aus denen sie geflohen waren.

Auf acht Spaziergängen stellt Herbert Genzmer Teile dieser faszinierenden Stadt vor, beschreibt das Leben ihrer literarischen Größen,
ihre Geschichte und architektonischen Sehenswürdigkeiten ebenso wie
die einschlägigen Bars und kleinen Geschäfte, für die New York so
berühmt ist. Die Wege führen durch Greenwich Village und das East
Village, durch die edlen Galerien von SoHo ebenso wie durch die
ehemaligen Slums der Lower East Side, durch Chinatown, Little Italy,
Chelsea und den Central Park.

New York ist Amerika, »keiner denkt an den Ort als Teil eines
bestimmten Bundesstaats, sondern als Teil der Vereinigten Staaten«,
schrieb James Fenimore Cooper. Und so wie die Einwanderer über Ellis
Island und damit New York in diese neue Welt kamen, um von hier aus
ein neues Leben zu suchen, sind die *Literarischen Spaziergänge durch
New York* ein Einstieg in dieses Land der wie immer und überall ver-
sprochenen unbegrenzten Möglichkeiten. Für den Besucher der Stadt
sind sie Wegweiser, für den von seinem Sessel aus Reisenden interessante Lektüre.

insel taschenbuch 2883
New York

Times Square

New York

Literarische Spaziergänge
Von Herbert Genzmer
Mit farbigen Fotografien
Insel Verlag

insel taschenbuch 2883
Originalausgabe
Erste Auflage 2003
© Insel Verlag Frankfurt am Main und Leipzig 2003
Bildnachweise am Schluß des Bandes
Vertrieb durch den Suhrkamp Taschenbuch Verlag
Umschlag: Michael Hagemann
Satz: Hümmer GmbH, Waldbüttelbrunn
Druck: Memminger MedienCentrum AG
Printed in Germany
ISBN 3-458-34583-3

1 2 3 4 5 6 – 08 07 06 05 04 03

Inhalt

Greenwich Village: Von Patchin Place zur
White Horse Tavern   9
East Village: Von University Place nach Astor Place . . .   25
SoHo: Von Bleecker Street Subway Station bis
Broadway   47
Chelsea: Über das Chelsea Hotel zum Empire
State Building   63
The Lower East Side   89
Little Italy   93
Chinatown   101
Die jüdischen Teile der Lower East Side   120
Central Park   129

Bibliographie   149
Reisetips und Informationen für Manhattan   151

Leute, die ich in New York kenne, sind unaufhörlich dabei, dorthin zurückzugehen, wo sie herkommen, um ein Buch zu schreiben, oder dazubleiben und ein Buch über den Ort zu schreiben, woher sie kommen. Da, wo sie herkommen, vermute ich, ist das wirkliche Amerika (New York, versteht sich, ist nicht Amerika). Das ist alles ziemlich schwer für mich, denn ich habe keinen Ort, an den ich zurückkehren könnte. Ich wurde in einem Apartmenthaus an der Ecke 93rd Street und Lexington Avenue geboren, etwa drei Meilen von da, wo ich heute lebe. Freunde erzählen mir oft von ihrer Begeisterung, wenn der Zug, mit dem sie fahren, von Indiana nach Illinois fährt oder umgekehrt. Ich bin beschämt, gestehen zu müssen, daß ich absolut keine Reaktion zeige, wenn der Jerome Avenue Express in den Bahnhof der 86. Straße einfährt.

A. J. Liebling

»Entschuldigung, Sir, Was ist das?«

»Das ist New York ... New York ist auf der Insel Manhattan, verstehst du?«

»Ist es wirklich auf einer Insel?«

»Was soll man von einem Jungen halten, der nicht mal weiß, daß seine eigene Heimatstadt auf einer Insel ist?«

John Dos Passos

Greenwich Village:
Von Patchin Place
zur White Horse Tavern

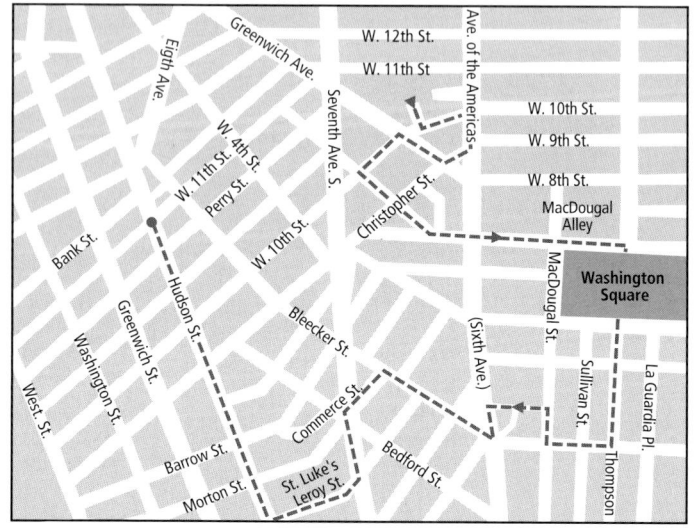

> Ein Hafen so gemütlich wie Toast,
> kühl wie ein Eisfach
> und sicher wie Wolkenkratzer
> *Dylan Thomas*

Der anarchistische Kellner Hippolyte Havel nannte seine Kunden in Polly's Restaurant auf MacDougal Street meist »kleinbürgerliche Schweine«, und als man ihn einmal fragte, wo die Grenzen von Greenwich Village lägen, antwortete er: »Greenwich Village ist ein Geisteszustand und kennt keine Grenzen.«

Dieser Geisteszustand ist heute weitgehend einer Nostalgie gewichen. Die Zeiten, als Woody Guthrie oder Bob Dylan hier an Straßenecken spielten oder in den Cafés und Kneipen spontane Lesungen oder Theaterproben stattfanden, Jack Kerouac betrunken vor dem Haus seiner Freundin randalierte, William Burroughs oder Allen Ginsberg um die Ecke bogen und Dylan Thomas sich in der White Horse Tavern betrank, sind vorbei, auch die Zeiten der großen amerikanischen Revolutionäre des 18. Jahrhunderts wie Thomas Paine oder denen des frühen 20. Jahrhunderts, wie John Reed oder Mabel Dodge, oder den Aufständen im Stonewall Inn auf Christopher Street.

Im Jahre 1817 war es einem Protest des Village zu verdanken, daß die wunderschönen und romantisch gewundenen Straßen des Viertels erhalten blieben, als die Stadtplanung für den Rest New Yorks ein geometrisches Muster verordnete. Zu Beginn des 20. Jahrhunderts jedoch, als die Sixth und Seventh Avenue ausgebaut und verbreitert wurden, fielen zahlreiche Straßen doch dem Rotstift zum Opfer, und ihre drei- und viergeschossigen Häuser aus dem 19. Jahrhundert wurden abgerissen und durch neuere und höhere Apartmenthäuser ersetzt.

Heute ist das Village nicht mehr der Ort, wo Autoren, Maler oder Musiker um ihren Ruhm kämpfen, die Mietpreise sind zu hoch. Greenwich Village ist zum Yuppie-Zentrum geworden, in dem sich Touristen und Romantiker auf der Suche nach der verlorenen Zeit tummeln. Damals war es die Heimat der Aufsässigen und Kreativen, und Dylan Thomas wurde während der letzten vier Jahre seines Lebens Teil dieser Welt in der Welt.

Zwischen 1950 und dem 9. November 1953, seinem Todestag, unternahm Dylan Thomas vier Reisen in die USA. Im Kaufmann Auditorium des YM-YWHA war es auch, wo im Mai 1953 sein Stück *Under Milk Wood* (*Unter dem Milchwald*) aufgeführt wurde. Für alle Reisen, die immer mit Lesereisen zu verschiedenen Colleges und Universitäten im Land verbunden waren, diente ihm New York als Ausgangspunkt. Meist hielt er sich an drei Punkten in der Stadt auf: Third Avenue, Greenwich Village und Chelsea. Die 3rd Avenue, wie er sie kannte, gibt es heute nicht mehr, die irischen Bars der Gegend sind verschwunden und haben gesichtslosen Bürogebäuden Platz gemacht. Doch viele der Orte in Chelsea und vor allen im Village, viele Bars und Restaurants, die Dylan Thomas aufsuchte, existieren noch heute, und die Gerüche in den Straßen sind wie damals, hat sich das Leben darin auch verändert.

Der Spaziergang beginnt westlich der 6th Avenue auf der 10th Street, wo ein schmiedeeisernes Tor zu einer kleinen Gasse führt, **Patchin Place**. Gleich um die Ecke findet sich eine ähnliche Sackgasse, **Milligan Place**. Beide Gassen entstanden um 1850, um dort die meist baskischen Kellner des Luxushotels Brevoort auf 5th Avenue in Gesindehäusern unterzubringen. Das Hotel existiert schon lange nicht mehr, und die ruhigen Gassen beherbergten seitdem viele Schriftsteller und Künstler, unter ihnen Theodor Dreiser oder Eugene O'Neill. e. e.cummings und Djuna Barnes wohnten in den Häusern 4 und 5 Patchin Place. cummings soll aus dem Fenster nach Barnes gebrüllt haben, um sich zu versichern, wie er erklärte, daß sie noch lebte. 1923 zog er in sein Studio auf Patchin Place, denn er schrieb nicht nur, er malte auch, und das Haus Nummer 4 blieb für den Rest seines Lebens seine Adresse. Auf die Frage, warum er dort lebte, schrieb er: »weil hier ist's freundlich. unwissenschaftlich. privat. menschlich.«

Heute sind die Gassen sehr teure Adressen, denn sie sind ruhig, liegen aber mitten in der Stadt. Kurz nach seiner Ankunft in New York besuchte Thomas cummings und dessen Frau Marion Morehouse. John Malcolm Brinnin, Thomas' Freund und amerikanischer Agent, schrieb über die Zusammenkunft mit cummings: »Als unsere Unterhaltung beim Tee literarische Themen streifte, wurde mir deutlich, daß einige ihrer Urteile das bittere, tiefe, selbstsichere Verständnis von Künstlern zeigten, die in ihrer Arbeit eine Welt innerhalb einer Welt definiert haben, und daß manche nichts weiter verdeutlichten als die verschwörerische Ungezogenheit ausgelassener, intelligenter Schuljungen.«

Gegenüber dem Eingang zu Patchin Place befindet sich in dem Dreieck, das sich aus West 10th Street, 6th Avenue und Greenwich Avenue bildet, die **Jefferson Market Library**. Das Gebäude ist eine Mischung aus venezianischem und viktorianischem Stil. Im Village nennt man das wegen der mit

Streifen aus Granit durchbrochenen roten Backsteinfassade *Lean Bacon Style* (Magerer-Schinken-Stil). Im Laufe seiner Geschichte beherbergte es verschiedene staatliche Einrichtungen, darunter eine Polizeischule und ein Zensusbüro. Seit 1967 ist es eine Bibliothek.

Wir gehen rechts die West 10th Street entlang bis zur Ecke Waverly Place. Dort liegt **Julius' Bar**, eine der ersten Bars, die Thomas bei seiner Ankunft in New York am 21. Februar 1950 mit John Brinnin besuchte. Julius' ist eine Eckkneipe mit Fotos von Boxern und Rennpferden an der Wand. Wir gehen auf Waverly Place nach links und überqueren die **Christopher Street**. Es geht vorbei an der kleinen Gay Street, deren Name heute für die Gegend um Christopher Street Omen geworden ist, es ist das Gay- und Lesbenzentrum der Stadt. Die Gasse, die um 1810 gebaut wurde, lag zunächst in einem Schwarzen-Viertel, und während der Prohibition gab es in der Häuserreihe eine Reihe von Speakeasies, jenen Bars, die man durch die Hintertür erreichte und wo zu Zeiten der Prohibition von 1920 bis 1933 alkoholische Getränke ausgeschenkt wurden.

Das **Stonewall Inn** in 53 Christopher Street war ein Stall, bevor es zur drittklassigen Bar avancierte. Als man hier Homosexuellen keinen Alkohol ausschenken wollte, weil das gegen das Gesetz des Staates New York verstieß, kam es 1969 zu Ausschreitungen, die zur Gründung des *gay liberation movement* führten. Die Bar wurde zum weltweiten Symbol für das Gay Rights Movement. Mehr als zwei Tage dauerten die gewaltsamen Auseinandersetzungen zwischen der Polizei und verschiedenen Bürgerrechts-, Schwulen- und feministischen Gruppen sowie von Bewegungen gegen den Krieg in Vietnam. Nach 1969 bildeten sich in der Gegend schwule und lesbische Gruppen, Zeitungen wurden gegründet – all dies machte sie zum ersten Schwulen-Zentrum der Stadt. Es waren auch jene Unruhen im Stonewall Inn, die die Gay Pride Parade ins Leben riefen, die im Juni überall im Land stattfindet, heute aber eher eine Party als eine politische Veranstaltung ist. Im **Sheridan Square Park** am rechten Ende der Christopher Street stehen Skulpturen von George Segal, die gleichgeschlechtliche Paare darstellen. Mit seinen Plastiken ehrt er die schwule Bevölkerung. Ein weiterer sehenswerter Ort in dieser Gegend ist der **Oscar Wilde Memorial Bookshop** in 15 Christopher Street, es ist der älteste Gay-und-Lesben-Buchladen der Welt. Er wurde 1967 (!) von Craig Rodwell in Mercer Street gegründet und später hierher verlegt. Nach den Unruhen im Stonewall Inn wurden dem Inhaber die Scheiben eingeworfen, und er erhielt Todesdrohungen. Bis zu seinem Tod im Jahre 1993 behielt er den Laden und ließ sich weder verdrängen noch einschüchtern.

Weiter oben, auf 165 Waverly Place, kurierte in der 1831 erbauten **Georgian Northern Dispensary** Edgar Allan Poe im Jahr 1837 (dem Jahr also, in dem er mit seiner 13jährigen Braut nach New York kam) eine Kopfgrippe aus.

> I was a child and she was child,
> In this kingdom by the sea;
> But we loved with a love that was more than love –
> I and my Annabel Lee.*

---

* Ich war ein Kind, und sie war ein Kind, / in diesem Königreich an der See; / Aber wir liebten mit einer Liebe, die mehr war als Liebe – / ich und meine Annabel Lee.

Seit 1986 steht die Klinik leer, weil ein Aids-Patient, den man sich weigerte dort zu behandeln, nachdem er seine Krankheit bekannt gemacht hatte, die Klinik verklagte. Ironischerweise sollen die Räume für Aids-Patienten wiedereröffnet werden.

Der Weg führt weiter über Waverly Place, wo, nachdem wir Sixth Avenue überquert haben, auf der linken Seite das **Hotel Earle** liegt, dort wohnte Dylan Thomas bei seinem ersten Aufenthalt in der Stadt. Das Hotel liegt nur wenige Meter entfernt von Washington Square, Thomas' bevorzugtem Ort in der Stadt. In den 50er Jahren war es eine einfache Absteige, heute ist es weiter gesunken und zu einem Asyl für Sozialfälle geworden. Im Mai 1950 schrieb Thomas an seine Eltern, es liege »genau am Washington Square, einem wunderschönen Platz mitten in Greenwich Village, dem Künstlerviertel New Yorks«.

Washington Square war ursprünglich ein Friedhof für die Opfer des Gelbfiebers, und man schätzt, daß hier zwischen zehn- und zwanzigtausend Tote liegen. Im frühen 19. Jahrhundert dann wurde es zum Exerzierplatz und zur öffentlichen Hinrichtungstätte – die Ulme, die am nordwestlichen Ende des Platzes steht, soll damals für die Exekutionen gedient haben. Washington Square hat diese blutrünstige Zeit hinter sich gelassen, mit der schicken 5th Avenue, die hier nach Norden ihren Ursprung nimmt, wurde er schnell zum modischen Zentrum. Anfang der 80er Jahre verkam der Platz zum Mittelpunkt der Drogenszene. Bürgerinitiativen ist es zu verdanken, daß es heute wieder ein Ort ist, an dem Musiker, Frisbee-Spieler, Skateboarder, Studenten und Touristen friedlich nebeneinander leben. Der Triumphbogen wurde 1889 zu Ehren von George Washingtons Amtsantritt als Präsident vor damals einhundert Jahren aus Holz errichtet. Er wurde von Stanford White entworfen und stand ursprünglich einen halben Straßenblock weiter nördlich. 1892 wurde er an seiner heutigen Stelle aus Stein erbaut, und die beiden Statuen: Washington im Krieg auf der linken und Washington im Frieden auf der rechten Seite, wurden 1913 angefügt. Es war der Bodybuilder Charles Atlas, der hier für den Frieden Modell stand. Eines Nachts im Jahre 1917 erkletterten Aktivisten des Liberal Club, unter ihnen Marcel Duchamps, den Triumphbogen, sie feuerten Knallerbsen ab und riefen die Unabhängige Republik von Greenwich Village aus, ihr Programm war: »Sozialismus, Sex, Poesie, Konversation, Begrüßung der Morgenröte und alles – wenn es im Mittleren Westen nur Tabu war.«

Wichtigster Anlieger des Platzes jedoch ist heute die **NYU, New York University**, 100 Washington Square East. Mit über fünfunddreißigtausend Studenten die größte Privatuniversität der USA. Man hat versucht, die Gegend um den Washington Square in einen Campus zu verwandeln, und jedes Jahr wurden mehr Gebäude von der Universität übernommen. Die Mieten wurden so stark angehoben, daß die Mieter gezwungen waren auszuziehen. Leider riß man einige der alten und typischen Häuser ab und ersetzte sie durch neue, farblose. Das erste NYU-Gebäude wurde 1835 errichtet, es sah eher wie eine gotische Kirche als wie eine Universität aus. Die Errichtung des Gebäudes verursachte 1834 die ersten Arbeiteraufstände in der Geschichte von New York State, weil die Gewerkschaften sich dagegen wehrten, daß die Insassen des Zuchthauses von Sing-Sing den Marmor schnitten, ohne Gehalt dafür zu bekommen. Der Aufstand fand vor dem Haus Nummer 160 auf dem Broadway statt, wo einer der Bauunternehmer wohnte. Es entstand ein Schaden von $ 2000, und die New York State National Guard mußte eingesetzt werden.

Das Hauptgebäude der Universität beherbergt die **Grey Art Gallery,** deren wechselnde Ausstellungen zeitgenössische Kunst zeigen.

Wir überqueren den Platz und gehen Thompson Street entlang, die genaue Verlängerung der 5th Avenue auf der anderen Seite des Platzes. Dort liegt kurz vor Bleecker Street das **Grand Ticino,** ein italienisches Familienrestaurant, in dem Dylan Thomas gern aß. Es wurde 1919 gegründet und serviert noch heute solides Essen zu verträglichen Preisen.

Wir biegen rechts in Bleecker Street ein, überqueren Sullivan Street und gehen MacDougal Street nach Norden hoch, wo kurz vor der Ecke zur Minetta Lane in Nummer 113 **Minetta Tavern** liegt, eine weitere Bar, in der Thomas zu Hause war. Gleich um die Ecke und abzweigend von Minetta Lane liegt **Minetta Street,** eine kleine Gasse, in der wie auf Gay Street während der Prohibition Speakeasies waren. Unter Minetta Street fließt ein Bach, der von den Indianern Manata genannt wurde, Teufel-Wasser. Im Keller der Minetta Tavern soll es eine Tür geben, die hinaus auf einen Kanal des heute unterirdischen Bachs führt.

Recht realistisch beschreibt Michael Cunningham in seinem Buch *Die Stunden* diesen Teil von Greenwich Village: »Die Gegend ist heute eine Imitation ihrer selbst, ein verwässerter Karneval für Touristen, und Clarissa weiß mit ihren zweiundfünfzig Jahren, daß hinter diesen Türen und in diesen Gassen nicht mehr und nicht weniger liegt als Menschen, die ihren Leben nachgehen. Auf groteske Weise sind einige derselben Bars und Cafés noch da, sie sind aufgeputzt, um sich selbst zum Wohle deutscher oder japanischer

Touristen ähnlich zu sehen. Die Geschäfte verkaufen alle eigentlich nur eins: Souvenir-T-Shirts, billigen Silberschmuck, billige Lederjacken.«

In Minetta Tavern verkehrte ein weiteres Original des Village: Joe Gould. Das meiste, das man über Gould weiß, stammt aus Joseph Mitchells Portraits, die er für den *New Yorker* schrieb. Der Artikel »Joe Gould's Secret« beginnt so: »Joe Gould war ein komischer, mittelloser und arbeitsloser kleiner Mann, der 1916 in die City kam, sich duckte, herumdrückte und für über fünfunddreißig Jahre nicht losließ.« Sein Geheimnis war das, was er »An Oral History« nannte, dem er manchmal »of our times« hinzufügte. Sein Leben lang schrieb er, wie er in den Bars und Cafés verkündete, an diesem Buch. Eins der Kapitel handelte davon, wie er nach Norddakota reiste, um dort die Köpfe von Mandan- und Chippewa-Indianern zu vermessen. Als Mitchell 1942 seinen Artikel über ihn schrieb, kam ans Licht, daß das Buch nur vier wieder und wieder überarbeitetete Kapitel enthielt. Gould schrieb auch zwei Gedichte:

My Religion
In winter I'm a Buddhist,
and in summer I'm a nudist

Dylan kannte ihn und gab ihm sicher das eine oder andere Getränk aus, wenn Gould zur Aufführung seines zweiten Gedichts »The Sea Gull« (Die Möwe) auf einen Stuhl stieg und mit wedelnden, Flügel imitierenden Armen »Scree-eek! Scree-eek!« rief.

Ein weiterer »komischer Vogel« aus jenen Jahren in der Minetta Tavern war der Schriftsteller Maxwell Bodenheim, der 1954 umgebracht wurde. Wahrscheinlich wird er heute mehr wegen dieser Tatsache als wegen seiner Werke erinnert. In der Minetta Tavern verkaufte er Durchschläge seiner Gedichte für einen Dollar das Stück, um seinen Durst zu stillen. Die Schriftstellerin Dawn Powell schrieb über seinen Tod in ihr Tagebuch: »Max mit *The Sea Around Us* auf seiner Brust umgebracht – einem Meer, das ihn umschloß. Ich glaube, seine Frau stach in einem Alkoholanfall auf ihn ein, und er war irre genug, zurückzustechen, und der Liebhaber war darüber so aufgebracht, er holte eine Pistole und erschoß Max.« Harold Weinberg, der Mörder, wurde für geistig unzurechnungsfähig erklärt.

Unweit von Minetta Tavern lag **Polly's Restaurant** im Keller des Hauses 139 MacDougal Street. In der zweiten Dekade des 20. Jahrhunderts wurde es von den Anarchisten Paula Holladay und Hippolyte Havel geführt. Über dem Restaurant war der Sitz des 1913 gegründeten *Liberal Club* »Ein Treffpunkt für Leute mit neuen Ideen«. Hier fanden Avantgarde-Lesungen, Kunstausstellungen und Aufführungen von Einaktern statt; hier trafen sich Jack London, Upton Sinclaire, Theodore Dreiser und Sinclair Lewis. Frauen rauchten in der Öffentlichkeit, sprachen in dieser frühen Bastion der Frauenbewegung über freie Liebe und die Einführung des Wahlrechts. 1914 wurde der Liberal Club von der Polizei geschlossen, weil in einer Ausstellung Aktbilder gezeigt wurden.

Gleich nebenan befindet sich das **Provincetown Playhouse**, das 1915 in Provincetown, Massachusetts, von George Cram Cook und seiner Frau Susan Glaspell gegründet wurde. Eugene O'Neill hatte hier sein Debüt als Autor und Bette Davis das ihre als Schauspielerin. Radikal für seine Zeit, spielten hier Afroamerikaner Afroamerikaner auf der

Bühne, und als der schwarze Schauspieler Paul Robeson die weiße Schauspielerin Mary Blair auf der Bühne küßte, kam es zum Aufschrei und zu Drohungen des Ku-Klux-Klan. Am 14. Dezember 1929 schloß das Theater seine Türen bis 1998. Heute gehört es der NYU Law Foundation und spielt vornehmlich Stücke von O'Neill.

Seit den zwanziger Jahren war das **San Remo** in Bleecker Street 189 an der Ecke zur MacDougal Street ein italienisches Restaurant, in dem sich alle literarischen Größen der Zeit die Klinke in die Hand gaben: Hier verkehrten Kerouac, James Baldwin, James Agee, William Burroughs, Allen Ginsberg. John Clellon Holmes schrieb in seinem Roman *Go*, der als erste Veröffentlichung der Beat-Generation gilt, über das San Remo. Für Dylan Thomas war es feste Station auf seiner Runde durch das Village. Es existiert schon lange nicht mehr, heute ist in seinem Räumen Carpo's Café.

Wir gehen durch Minetta Street bis zur Ecke Sixth Avenue und Bleecker, überqueren die Avenue of the Americas und gehen die Bleecker Street entlang bis zur Morton Street, wo wir nach links abbiegen.

Apartment 61 in Morton Street 65 wurde vom FBI als die Unterkunft der angeblichen Spione Julius und Ethel Rosenberg beschattet. Das Ehepaar Rosenberg wurde am 19. Juni 1953 in Sing-Sing hingerichtet, weil sie angeblich das Geheimnis der Atombombe an die Sowjetunion verraten hatten.

Wir gehen links in die Seventh Avenue und an der ersten Ecke, St. Luke's Place, wieder links. **St Luke's Place** besteht aus einer Reihe von fünfzehn dreistöckigen Häusern, die um 1860 gebaut wurden. Dieser Straßenzug ist einer der schönsten im Village, und seine herrlichen Ginkgo-Bäume beschatten den Weg. In Nummer 16 schrieb Theodor Dreiser *An American Tragedy* (*Eine amerikanische Tragödie*), 1965 wohnte Timothy Leary in Nummer 1 und in Nummer 12 Sherwood Anderson. In Nummer 6 lebte Jimmy Walker, Bürgermeister von New York City, der sozialen Aktivitäten mehr Zeit widmete als der Politik und sich zeitlebens damit brüstete, nie eine Zeitung gelesen zu haben. Während seiner zweiten Amtsperiode zwang man ihn 1932 zum Rücktritt. Nummer 10 diente als Ort für die Fernsehserie *Die Crosby Show* und in Nummer 4 wurde *Wait until Dark* (*Warte bis es dunkel ist*) mit Audrey Hepburn gedreht.

Gleich gegenüber, auf dem Gelände des heutigen Softball-Feldes, lag bis 1890 der **Trinity Parish Cemetery**, wo der Legende nach der verlorene Sohn von Luis XVI und Marie Antoinette begraben liegen soll und Edgar Allan Poe seine Spaziergänge machte. Die lange Mauer, die den Sportplatz vom Pool trennt, zeigt ein Wandbild des 1990 verstorbenen Malers Keith Haring.

Weiter auf Dylan Thomas' Spuren biegen wir rechts in die Hudson Street ein, ursprünglich am Ufer des Hudson River gelegen, wovon sich ihr Name herleitet. Gleich an der Ecke liegt das **Anglers and Writers Café**, ein lohnender Besuch nicht nur für Angler und Schriftsteller. Wir gehen die Hudson Street hinauf bis zur West 11th Street, wo die berühmte White Horse Tavern liegt, Thomas' Lieblingsbar im Village. Hinter der Borrow Street liegt auf der linken Seite **St. Luke's-in-the-Fields**, die 1822 als Dorfkapelle gebaut wurde. 1981 wurde die Kirche durch einen Brand fast völlig zerstört, eine Flut von Spenden der Bewohner des West Village half die Kirche wiederherzustellen.

White Horse Tavern an der Ecke Hudson und West 11th Street ist eine der berühmtesten und ältesten Bars im Village. Erbaut im Jahre 1880, ist das dreistöckige Haus eines der letzten Gebäude mit Holzstruktur in der Gegend, alle anderen verwenden Eisenkonstruktionen, wie man sie vor allem in SoHo findet. Der alte holzgetäfelte Barraum hat sich in den Jahren, seit hier Norman Mailer, William Styron, Lawrence Ferlinghetti und Jack Kerouac tranken, kaum verändert. Wirklich berühmt jedoch wurde »The Horse«, wie er sie nannte, durch Dylan Thomas.

»In der White Horse Tavern, wo wir am Nachmittag anlangten, grüßte ihn jeder an der Bar. Ernie, der rundliche Wirt, schickte uns Scotch an den Tisch und setzte sich zu uns, um erinnerungswürdiger Abende des vorigen Jahres zu gedenken. Dylan schien glücklich zu sein, irgendwie aufgekratzt, und vor allem fühlte er sich zu Hause. Mir war schon lange aufgefallen, daß er sich unter freundlichen Gesichtern, bekannten oder unbekannten, an Orten, wo jeder nur er selbst war, am wohlsten fühlte«, schreibt Brinnin.

Der letzte Ort, den Thomas vor seinem Tod aufsuchte, war eben »The Horse«, er trank, wie eine Version sagt, zwei Bier, unterhielt sich mit einem Lastwagenfahrer und ging zurück ins Hotel Chelsea auf der 23. Straße, wo er im Delirium Tremens zusammenbrach und ins St. Vincent's Hospital neben Patchin Place, dem Ausgangspunkt unseres Spaziergangs, gebracht wurde; dort starb er am 9. November 1953 im Alter von neununddreißig Jahren.

Die genauen Umstände seines Todes sind nicht völlig geklärt. Caitlin Thomas schrieb in ihrer Selbstbiographie:

»Niemand erzählte mir jemals, wie Dylan gestorben ist, und in New York händigte man mir keinen ärztlichen Bericht aus. Ich habe ihn auch nicht erbeten, weil ich dachte: ›Nun, er ist tot. Was soll's …‹ Mehr brauchte ich nicht zu wissen. Gleichzeitig hörte ich ständig Geschichten von seinem Sterben, und wie er die wenigen letzten Tage, bevor er ins Krankenhaus eingeliefert wurde, verbracht hatte. Es schien irgendwie nicht zusammenzupassen.«

James Laughlin, Thomas' amerikanischer Verleger, mußte den Toten identifizieren. Als er ins Krankenhaus kam, hatte dort eine sehr junge Frau Dienst. Die junge Frau fragte Laughlin, was Thomas' Beruf gewesen sei. »Poet«, antwortete er. Nach einer langen Pause fragte die Frau: »Was ist ein Poet?«

East Village:
Von University Place
nach Astor Place

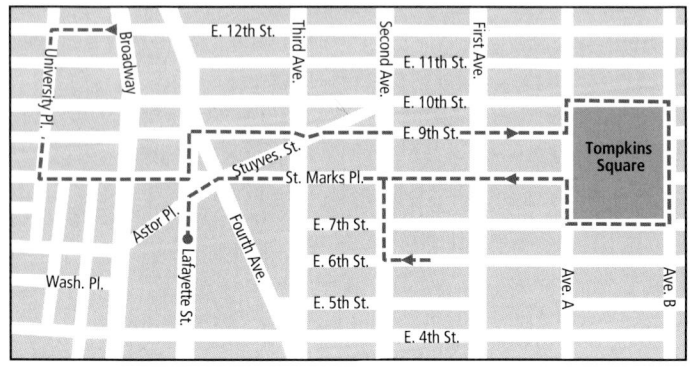

> Nachdem ich in New York eine Woche in Taxis von Cocktails gelebt habe, muß ich zum Arzt. Der Arzt sagt dann – machen Sie, daß Sie aus New York wegkommen, bevor es Sie umbringt.
>
> *Kenneth Rexroth*

Als 1955/56 die »Third Avenue El*« – die hoch über der Straße fahrende, 1878 erbaute Straßenbahn – abgerissen und durch eine Untergrundbahn ersetzt wurde, modernisierte man nicht nur einen Verkehrsweg, es fiel eine Grenze zwischen der Lower East Side und Greenwich Village. Die Lower East Side war seit den 40er Jahren des vorletzten Jahrhunderts ein typisches Einwandererviertel: Hierher kamen deutsche und irische Einwanderer, aber auch Juden, Afrikaner, Südamerikaner, vor allem Puertoricaner, Japaner, Inder, Osteuropäer, hauptsächlich Ukrainer, und Italiener. Das, was heute East Village heißt, war nichts weiter als der nördliche Teil der Lower East Side. Als SoHo gegründet und das Village populär geworden war, als mit anderen Worten dort die Mieten so gestiegen waren, daß die, die dort ursprünglich wohnten, sie nicht mehr zahlen konnten und ins East Village ausgewichen waren, machte man sich auf die Suche nach neuen Spekulationsgründen und versuchte dasselbe mit diesem Teil der Lower East Side, der »Loisada«, wie sie die Latinos der Gegend immer noch nennen. Allen Ginsberg wohnte in einer kleinen Wohnung für $ 30 im Monat, statt eines Badezimmers gab es nur eine Badewanne in der Küche. Heute hat sich am Zustand der Woh-

---

* El ist die Abkürzung von »elevated train«, Hochbahn.

nung kaum etwas verändert, nur kostet sie jetzt $ 1000. Zunächst versuchten Bodenspekulanten den Namen Village East, aber daraus wurde schnell The East Village. Man hob bei den Verkaufsargumenten die Nähe zur Wall Street hervor, um Yuppies anzuziehen. Der Kampf begann: Konnten die alten Anwohner sich halten, oder sollten sie durch neue ersetzt werden? Die Tatsache, daß immer mehr kleine Läden verschwinden und durch Filialen von Ketten ersetzt werden, läßt darauf schließen, daß, wie in so vielen anderen Gegenden Manhattans, der Kampf zugunsten der letzten Einwanderer ausgehen wird. Gleichzeitig jedoch ist das East Village immer noch einer der lebendigsten und unbürgerlichsten Orte der Stadt, hier leben Künstler, Studenten und eine Neo-Boheme, und vor allem die Gegend um St. Mark's Place, einen der großen, immerwährenden Straßenkarnevals der Welt, spiegelt die Stimmung, die Greenwich Village einmal belebt haben muß.

Literarisch ist das East Village eng mit der Beat-Generation verbunden, hier wohnten Allen Ginsberg, Timothy Leary, aber auch W. H. Auden oder Andy Warhol und der Konzertproduzent Bill Graham. Hier fanden am Tompkins Square die letzten großen politischen Auseinandersetzungen statt.

Als Kerouac von dem Abriß der Hochbahn hörte, schrieb er an Lucien Carr, »wir haben unseren letzten Drink unter der letzten Säule der 3rd Avenue El genommen«.

Die Third Avenue El wurde von Lawrence Ferlinghetti in einem Gedicht in dem Band *Pictures of The Gone World* (*Bilder der vergangenen Welt*) festgehalten.

Reading Yeats I do not think / of Ireland / but of midsummer New York / and of myself back then / reading that copy I found / on the Thirdavenue El / the El / with its flyhung fans /

and its signs reading / SPITTING IS FORBIDDEN / the El /
careening thru its thirdstory world / with its thirdstory peo-
ple / in their thirdstory doors / looking as if they had never
heard / of the ground ...*

Wir beginnen den Spaziergang am **Strand Bookstore an der
Ecke Broadway und 12th Street,** dem größten Buchladen der
Welt und einer von New Yorks Institutionen. Der Laden
wurde 1929 von Benjamin Bass gegründet und befindet sich
noch heute im Familienbesitz. »Irgendwann kommt jeder
hier rein!« sagte Bass, »denn jeder findet hier, was er sucht.«
Der Werbeslogan des Hauses wirbt mit »Acht Meilen Büchern«, jederzeit seien über zwei Millionen Bände am Lager.
In der dritten Etage finden sich seltene und wertvolle Bücher, handsignierte Erstausgaben und Lithographien.

Wir gehen über 12th Street in westlicher Richtung bis Uni-
versity Place und biegen dort links, nach Süden also, ein. Auf
der rechten Seite ist die berühmte **Cedar's Tavern.** In den 50er
Jahren lag sie weiter unten, 24 University Place, und war
eine unansehnliche Bar mit schmucklosen Wänden, ohne
Musikbox oder Fernsehen, nichts als Tische und Stühle.
Unter den Beat-Poeten und den Malern des Abstract Amer-
ican Expressionism war sie der beliebteste Treffpunkt.
Hier verkehrten Maler wie Jackson Pollock, Franz Kline,
Mark Rothko und Schriftsteller wie Allen Ginsberg, Gre-

* Wenn ich Yeats lese, denke ich nicht / an Irland / sondern an das mittsommer-
liche New York / und mich selbst damals / wie ich die Ausgabe las, die ich / in der
Thirdavenue El gefunden hatte / der El / mit ihren Fliegendreck-Ventilatoren /
und ihren Schildern, auf denen stand / SPUCKEN IST VERBOTEN / die El / wie sie
durch ihre drittgeschossige Welt torkelte / mit ihren drittgeschossigen Menschen / in ihren drittgeschossigen Türen / und sie schauen, als ob sie nie etwas
gehört hätten / vom Boden ...

gory Corso, Frank O'Hara und Jack Kerouac, der einmal Lokalverbot erhielt, weil er in einen Aschenbecher urinierte. Lee Krassner, die Frau von Jackson Pollock, betrat die Bar nie, denn sie konnte die ständigen lautstarken Streitigkeiten und Schlägereien nicht ertragen. Frank O'Hara galt als Vermittler und Brücke zwischen den Malern und den Autoren, er war Kurator im Museum of Modern Art, schrieb Kunstkritiken und tat sich gleichermaßen in der literarischen wie der darstellenden Kunst hervor. Im März 1963 feierte man eine letzte Party in der alten Cedar's Tavern, denn sie wurde abgerissen, um einem modernen Gebäude, dem Brevoort East, Platz zu machen. Heute ist das Lokal in Nummer 82 ein amerikanisches und recht gemütliches Restaurant mit einer sehr schönen Bar, in dem man deftige Hamburger, Steaks und Pork Chops essen kann, und nichts erinnert mehr an seine wilde Vergangenheit. Frank O'Hara wohnte gleich nebenan in Nummer 90, einem alten dreigeschossigen Redbrick-Gebäude, 1959 zog er tiefer ins East Village nach 441 East 9th Street, wo heute eine Tafel daran erinnert, daß er hier einmal ansässig war. O'Hara war bis zu seinem Tod 1970 ein typischer New Yorker, der in ständiger Haßliebe zu seiner Stadt verloren war. »Man muß New York nie verlassen, um soviel Grün zu sehen, wie man will – ich kann mich nicht einmal an einem Grashalm erfreuen, wenn ich nicht weiß, daß eine U-Bahn in der Nähe ist oder ein Schallplattenladen.«

Zwischen 1923 und 1925 wohnte im Hotel Albert auf der linken Straßenseite zwischen der 11. und der 10. Straße Thomas Wolfe. Es ist das Hotel Leopold aus seinem 1935 erschienenen Roman *Of Time and the River* (*Von Zeit und Strom*). Wolfe war ein unsteter Mensch, in den fünfzehn

Jahren, die er bis zu seinem plötzlichen Tod 1938 in New York lebte, hatte er unzählige Adressen. Eine davon hier im Hotel Albert in Zimmer 2220. Er kam 1923 als Dramatiker nach New York, nachdem er an der University of North Carolina in Chapel Hill studiert hatte. Er war das große Idol der Autoren der Beat-Generation. Lawrence Ferlinghetti und Seymour Krim besuchten die UNC zum Teil, weil der von ihnen so verehrte Wolfe dort studiert hatte. Ferlinghetti schrieb, daß Kerouacs Buch *On the Road* (*Unterwegs*) Wolfes *Look Homeward, Angel* (*Schau heimwärts, Engel*) als Vision von Amerika gleiche, während aber Wolfes Buch die Welt vom fahrenden Zug aus darstelle, täte es Kerouacs Buch von einem rasenden Automobil aus. Kerouac selbst fühlte sich nach New York gezogen, weil er, wie er schrieb, über dieselben Straßen gehen wollte wie sein verehrter Wolfe. Über *Von Zeit und Strom* schrieb er in einem Essay: »Es bedarf einer der wenigen großen Unternehmungen in der amerikanischen Literatur des 20. Jahrhunderts, um zu dem göttlichen Geheimnis erhabenen Seins zu gelangen.«

Wolfe war ein besessener Schreiber, dabei unfähig, seine Arbeit zu kürzen oder zu bearbeiten, und sein einstiger Freund und Lektor Maxwell Perkins von Scribner hat tiefer in die Texte eingegriffen, als es Lektoren normalerweise tun. Darum auch »ehemaliger Freund«, denn kurz vor seinem Tod brach er mit Scribner und Perkins und vertraute seine Manuskripte Edward C. Aswell bei Harper an. In letzter Zeit klagen Literaturwissenschaftler Aswell an, sich bei der Bearbeitung von Wolfes Texten, besonders den drei posthum erschienenen Büchern *The Web and the Rock* (*Geweb und Fels*) von 1939, *You Can't Go Home Again* (*Es führt kein Weg zurück*) und der Sammlung von Fragmenten *The Hills Beyond* beide von 1941, zu viele Freiheiten genommen zu haben. Es seien, wie ein Kritiker es nannte, nur Ausgrabungen aus einem Berg von Manuskripten – man spricht von einem Stapel von zwei Metern Höhe.

Thomas Wolfe unterrichtete in den Jahren zwischen 1924 und 1930 an der New York University im Brown Building nur ein paar Straßenblocks von hier entfernt.

Wir gehen weiter nach Süden und kommen zwischen der 8. und 9. Straße bald an den Ort, wo sich im 19. Jahrhundert eines der feinsten kleinen Hotels der Stadt befand, das **Hotel Lafayette**. Heute steht an seiner Stelle ein modernes Apartmenthaus, das natürlich *The Lafayette* heißt. Man schätzt es in dieser Stadt, die sich einem ständigen Umwälzungs- und Erneuerungsprozeß unterzieht, alte Namen zu übernehmen, so auch *The Albert* für das ehemalige Hotel, in dem Wolfe ein bißchen weiter oben auf University Place wohnte. Der aus San Francisco stammende Kenneth Rexroth wohnte hier als Neunjähriger 1914 und 1915, wenn er mit seinen Eltern die Stadt besuchte. Für ihn war es der »Treffpunkt der hohen Boheme ohne gleichen«. Die ehemalige Cedar's Tavern lag genau gegenüber dem Hotel.

Wir biegen links in die 8. Straße ein und gehen geradeaus. Ein wenig zurück und fast an der Ecke zur 5th Avenue im Haus 13 E. 8th St. lebte 1925 ebenfalls der unstete Thomas Wolfe zusammen mit der Bühnenbildnerin Aline Bernstein. Es war ein kahles Loft, in dem sie wohnten. Hier begann er mit der Arbeit an seinem Roman *Schau heimwärts, Engel*. Das von Wolfe damals bewohnte Gebäude wurde in den 50er Jahren abgerissen und machte dem neuen New York Platz. In seinem Roman *Geweb und Fels* beschreibt er das Loft.

Lafayette Street

Wir überqueren nun den Broadway und 4th Avenue und biegen nach schräg links in die **Stuyvesant Street**, eine der angenehmsten Straßen in New York. Ihren Namen erhielt sie nach dem niederländischen Gouverneur von Nieuw Amsterdam, Peter Stuyvesant (1592-1672), der hier Mitte des 17. Jahrhunderts eine große *bouwerie*, einen Guts- oder Bauernhof, anlegte. Stuyvesant Street war die Einfahrt zu diesem Gut, das sich bis zum East River erstreckte. In vielen der edlen Häuser aus dem 19. Jahrhundert wurden zu Beginn des vorigen Jahrhunderts Bordelle betrieben. Die *Bowery*, diese in einem dramatischen Environment von Duane Hanson verewigte Abrißstraße, verdankt ihren Namen zwar dem Stuyvesantschen Gutshof, hat aber nur noch wenig mit dem einstmals edlen Anwesen zu tun. Am Ende der Straße, an der 10th Street, steht **Saint Mark's-in-the-Bowery**, die 1799 fertiggestellte Episkopalkirche, die neben ihrer kirchlichen Funktion als Theater, Freizeit- und Kulturzentrum dient. Eins der Projekte der Kirche war der sogenannte *Danspace*, Isadora Duncan tanzte hier in den 20er Jahren des vorigen Jahrhunderts, Martha Graham in den 30er und Merce Cunningham in den letzten Jahren. Sam Shepard führte seine ersten beiden Stücke *Cowboys* und *Rock Garden* hier auf. Carl Sandburg, W. H. Auden, Edna St. Vincent Millay, Harry Houdini, Amy Lowell, Frank Lloyd Wright oder William Carlos Williams hatten hier Lesungen, Aufführungen oder gaben Vorträge. Paul Blackburn begann Mitte der 60er, hier Gedichtlesungen zu organisieren, nachdem das Café Le Metro 149 2nd Avenue geschlossen worden war. So wurde das St. Mark's Poetry Project ins Leben gerufen, das bis heute aktiv ist. An jedem Neujahrstag finden hier Mammut-Lesungen statt, um Gelder für den Fortbestand des Projekts zu sammeln. Viele Dichter der New

York School, der Black Mountain- und Beat Schule lasen hier; Peter Orlovsky, Patti Smith, Lou Reed oder Larry Rivers traten hier auf. Am 12. April 1997 wurde hier der Trauergottesdienst für Allen Ginsberg abgehalten.

Wir gehen die 10th Street entlang. In dem Block zwischen 1st Avenue und Avenue A liegen und lagen eine Reihe russisch-türkischer Badehäuser. Die Bäder sind weder aufregend noch besonders schön, ein Stadtführer vergleicht sie mit Folterkammern, aber sie sind Treffpunkt sowohl der Beat-Poeten wie anderer Film-, Fernseh- und Musikgrößen gewesen. Frank Sinatra hat hier geschwitzt, Baryschnikov, Timothy Leary, Dan Aykroyd und der verstorbene John Belushi haben hier nach ihrer Fernsehshow *Saturday Night Live* den Streß aus den Poren fließen lassen.

An der nächsten Ecke beginnt mit Avenue A das, was man Alphabet City nennt, die Avenues A, B, C und D. Diese Gegend hat sich der Bodenspekulation weitgehend entziehen können und ist heute nach der Meinung einiger der letzte Teil New Yorks, wo Künstler und Boheme leben können und der sich einer *gentryfication*, einer Verbürgerlichung, entziehen konnte.

An dieser Stelle ein Wort zum Verhältnis der Amerikaner zu Künstlern und deren Art, zu leben. Man idealisiert Künstler in Amerika, jeder möchte gern ein Autor, Maler, ein Rockmusiker oder Filmstar sein. Zum Leben eines Künstlers gehört es, in einer idealisierten und sozusagen yuppie-freien Welt zu leben. Der Yuppie* ist seit seiner Erfindung Mitte der 80er Jahre DER Feind schlechthin. Der realistische Umgang mit Geld und die nüchterne Einschätzung der

---

* Yuppie = young urban professional

eigenen Fähigkeiten und Möglichkeiten läßt dann viele, die zuvor künstlerische Ambitionen hatten, in bürgerliche Welten stürzen, wobei sie aber nichtsdestotrotz weiterhin in romantischen Bereichen schwärmen, das heißt, sich so zu kleiden und die Ort aufzusuchen, die als »künstlerisch« eingestuft werden. Für einen solchen Besuch verfügt man über die entsprechende »Verkleidung«. Es handelt sich um eine liebevolle, romantische Verbrämung. Ich denke jedoch, es ist wichtig zu verstehen, warum es in den USA immer wieder ein Thema ist, daß gewisse Bezirke als »künstlerisch« oder als Sitz der Boheme bezeichnet werden, und warum es eine Nostalgie gibt, die sich zu derartigen Stätten – real oder idealisiert – hingezogen fühlt.

Das nördliche Ende der Avenue A mündet auf den **Tompkins Square Park**. Im frühen 18. Jahrhundert war der Park ein Teil von Stuyvesants Farm. Hauptsächlich Sumpfland, wurde es von einem Nachkommen für $ 93 000 an die Stadt New York verkauft. Der Sumpf wurde trockengelegt, Bäume wurden gepflanzt, und der Park bekam seinen Namen nach Daniel Tompkins, einem Vizepräsidenten der Vereinigten Staaten zu Zeiten Präsident Monroes und Gouverneur des Bundesstaats New York zwischen 1807 und 1816. Tompkins war ein vehementer Gegner der Sklaverei, setzte sich für eine Liberalisierung des Strafrechts und die Abschaffung des Militärdienstes für die Armen ein. Es mag an diesem liberalen Geist liegen, daß der Park immer wieder Ort von politischen Auseinandersetzungen geworden ist. Immobilienspekulanten jedoch entdeckten die Schönheit des Parks, und man begann im frühen 19. Jahrhundert mit dem Bau von Herrenhäusern entlang der 10. Straße. Der Plan sah vor, den gesamten Park zu umschließen. Die Depression von

Sommer in SoHo

1837 brachte den Bauboom zum Erliegen, und so kann man heute noch den Bebauungswechsel sehen, die edleren Häuser enden, bevor die 10. Straße Avenue B erreicht. Statt dessen waren es deutsche und irische Einwanderer, die in den Docks am East River arbeiteten, die sich in der Gegend niederließen. Die Lebensbedingungen waren erschreckend, und Mitte des 19. Jahrhunderts war der Park Ort vieler Demonstrationen für höhere Löhne und gegen Arbeitslosigkeit. Im Jahre 1874 kam es zu einer großen Demonstration, an der sich Zehntausende Arbeiter und ihre Familien beteiligten. Sie wußten nicht, daß am Vorabend die Genehmigung für die Demonstration widerrufen worden war. Berittene Polizisten drangen gewalttätig in die Reihen der Demonstranten ein und knüppelten die Menschen in einem Blutbad nieder. »Die Nachsicht und die gute Laune der Polizei war bewundernswert«, hieß es am folgenden Tag in der *New York Times*, der »Alten Tante«, wie sie Uwe Johnson in seinen *Jahrestagen* nennt. In den 50er Jahren des vorigen Jahrhunderts traf eine neue Einwandererwelle aus Puerto Rico, Kolumbien und der Dominikanischen Republik ein, in den 60er Jahren kamen die Hippies, und der Park wurde Zentrum von Smoke-Ins, Hare-Krishna-Treffen und Konzerten. Hier traten damals Jimi Hendrix, Santana, Country Joe and the Fish und The Grateful Dead auf. 1988 kam es im Park zu gewaltsamen Ausschreitungen zwischen Polizei und Demonstranten, die die Rechte Obdachloser auf ein Leben im Park garantieren wollten. Die Ausschreitungen dauerten fünf Tage. Immer wieder ist Tompkins Park seitdem Ort von Ausschreitungen geworden. Noch 1994 ließ Bürgermeister Rudolph Guiliani Leute Verhaften, die mit einem Sarg und einem Trauerumzug des verstorbenen Obdachlosen-Aktivisten Terry Taylor gedenken wollten.

Tompkins Square Park ist das Gegenstück zum Washington Square Park in Greenwich Village. Jack Kerouac beschreibt ihn in seinem Roman *The Subterraneans*, und Allen Ginsberg schrieb: »Ein rauher Ort in New York, einer, an dem die Zementhaut der Stadt angekratzt ist […] Bedingungen von politischem Größenwahn und Verfall kann man in dieser Gegend am besten beobachten und Anzeichen eines neuen Bewußtseins, das sich in der amerikanischen Kultur abzuzeichnen beginnt, in den umliegenden Straßen riechen.«

Auf der anderen Seite des Parks liegt in 145 Avenue B das heute elegante **Christodora House**, das 1928 als Armenhaus gebaut worden war. In dem Konzertraum in der dritten Etage gab ein Junge aus der Nachbarschaft, George Gershwin, sein erstes Konzert, und 1964 wurde hier von der Gruppe LeMar (Legalize Marijuana) die erste Kundgebung zur Legalisierung von Marihuana abgehalten. Allen Ginsberg und Ed Sanders waren unter den Demonstranten. Ein paar Häuser weiter nach Norden liegt in Nummer 151 das Haus, in dem Charlie Parker, der legendäre Jazz-Saxophonist, genannt »Bird«, von 1950 bis 54 wohnte. In jedem Jahr findet im Park ein Charlie Parker Festival statt, und das Straßenstück vor dem Haus heißt Charlie Parker Way. Hier trafen Ginsberg und Kerouac mit Thelonius Monk und Parker zusammen.

Weiter geht es über Avenue B bis **St. Brigid's Church** an der Ecke East 8th Street, die Frank O'Hara immer wieder beschreibt. Der Legende nach war die heilige Brigid ein irisches Mädchen, das sich selbst verunstaltete, um Männer nicht auf sich aufmerksam zu machen und nicht attraktiv für sie zu sein. In *Lunch Poems* schreibt O'Hara:

How funny you are today New York
like Ginger Rogers in *Swingtime*
and St. Bridget's [sic] steeple leaning a little to the left ...*

Wir gehen über die 7. Straße nach Westen, biegen rechts in Avenue A ein und gehen wieder nach links, die Straße heißt nicht, wie man vermuten sollte, 8th Street, sondern **St. Mark's Place**. Zwei Blocks weiter und dann nach links in der 9. Straße wohnte Thomas Wolfe in Nummer 441. Auf der linken Seite von St. Mark's Place in Nummer 108 eröffnete 1956 Ted Joans die **Galerie Fantastique**, diese Mischung aus Galerie und Apartment war der Ort vieler Parties der Beat-Poeten. Joans brachte seinen Namen mit seiner Erfindung »Rent-a-Beatnik« in die Medien, er vermietete Beatniks und Beat-Poeten für Parties. Gegenüber wohnte von 1970 bis zu seinem unerwarteten Tod im Jahre 1983 **Ted Berrigan**, der sich »der letzte der Beats« nannte, mit seiner Frau Alice Notley über dem Café und Buchladen in Nummer 101. Ebenso wie für Kerouac war für ihn Thomas Wolfe das große Idol. Es gelang ihm, ein Interview mit Jack Kerouac zu führen, das 1968 in *The Paris Revue* veröffentlicht wurde, in dem zum ersten Mal Kerouacs Bücher und nicht seine Person im Vordergrund standen. Sein abschließender Kommentar nach dem Interview: »Jack vermittelte einem das Gefühl, daß man einfach man selbst sein und auf diese Weise etwas in seinem Leben bewegen könnte.« Viele von Berrigans Gedichten zeichnen die Gegend, in der er lebte, in *Last Poem* beschreibt er die Wichtigkeit seines Heims: »verbalized myself a place in society, 101 St. Marks Place, Apartment 12A, NYC, 10009.« (»Ich verbalisierte mir selbst einen Platz

---

* Wie komisch du heute bist, New York, / wie Ginger Rogers in *Swingtime* / und St. Bridgets Kirchturmspitze lehnt ein bißchen nach links ...

in der Gesellschaft, 101 St. Marks Place, Apartment 12A, NYC, 10009.«)

In Nummer 77 wohnte zwischen 1953 bis zu seiner Rückkehr nach Oxford, England, im Jahre 1972 **W. H. Auden**. Zu seinen Gästen zählten hier Igor und Vera Strawinsky, Robert Craft und der Psychologe Oliver Sacks. Die Geschichten über die ausschweifenden und großzügigen Partys und den Zustand der Wohnung des Paars Auden/Chester Kallman sind mannigfaltig. Einmal soll Vera Strawinsky im Waschbecken des Bades einen schwarzen Brei entdeckt haben. Sie spülte ihn ab und prellte damit die Gäste des Abends um den Nachtisch-Pudding. Auden traf zusammen mit seinem engen Freund Christopher Isherwood am 16. Januar 1939 in New York ein. Es schneite, als sie in den Hafen einliefen, und Isherwood beschrieb die Stadt so: »Die Indianerinsel mit ihren entsetzlichen Türmen.« Insgesamt wohnte Auden an drei Adressen in der Stadt, in Brooklyn Heights, in der Cornelia Street in Greenwich Village und hier auf St. Mark's Place. Er hatte großen Einfluß auf junge amerikanische Autoren und nannte sich selbst einmal einen »untergeordneten amerikanischen Goethe«.

Im selben Haus wurde das russische kommunistische Magazin *Novy Mir* herausgegeben. Leo Trotzky, ein Mitarbeiter und Autor des Magazins, besuchte die Räume im Jahre 1917.

An der nächsten Kreuzung liegt an der südwestlichen Ecke **Gem Spa** auf 131 Second Avenue eine Institution der Gegend, *der* Zeitungskiosk von St. Mark's Place. Allen Ginsberg schrieb, er holte seine Zeitungen hier in »regen-nasser Asphalt-Hitze, von Abfall im Zaun gehaltene Mülltonnen quellen über«. Auch Ted Berrigan erwähnt das Gem Spa in vielen seiner Gedichte. Don McNeill von der *Village Voice* schrieb: »Der Bürgersteig scheint durch den Süßigkeitenladen zu führen ... Dank seiner Lage, der 24stündigen Öffnungszeit und seinem Überlebensangebot an Tabak, Bambu Zigarettenpapier und Eiercreme ist es die offizielle Oase des East Village.«

Einen Block auf 2nd Ave. weiter nach unten lag zwischen der 7. und der 6. Straße das berühmte **Fillmore East**, wo der Konzertmanager Bill Graham in den 60er Jahren alle großen Konzerte veranstalte. Hier traten The Doors, The Grateful Dead, Jimi Hendrix, Jefferson Airplane und Janis Joplin auf, The Who brachten 1969 *Tommy* erstmals auf die Bühne. Man hat diesen Block der 2nd Ave. in Bill Graham's Way umbenannt. Das Fillmore East schloß am 27. Juni 1971 seine Türen, und man benutzte das Theater anschließend noch für gelegentliche Aufführungen, bis es in den Schwulen-Club The Saint umgebaut wurde, der im Mai 1988 ebenfalls schloß.

In der 6. Straße, zwischen 2nd und 3rd Ave., liegt **Little India**, eine Reihe von indischen Restaurants mit ausgezeichneter Küche. Die meisten dieser Restaurants haben keine Alkohollizenz, darum kann man dort keinen Alkohol trinken. Wer dennoch Wein oder Bier zum Essen trinken möchte, kauft im Liquor Store an der Ecke Getränke, die dann in einer braunen Papiertüte auf den Tisch kommen. Für die Restaurants ist dieses Überbleibsel aus Prohibitions-Tagen vertraute Praxis, man stellt gern Gläser für die Getränke zur Verfügung, die man leider nicht ausschenken darf, weil die Anschaffung einer Lizenz einfach zu teuer wäre.

Gehen wir jedoch wieder zurück zu St. Mark's Place und folgen seinem Verlauf in westlicher Richtung. In Nummer 23 lag einmal **The Dom**, ein zu seiner Zeit wichtiger Nachtclub. Zu Beginn des vorigen Jahrhunderts wurde das Gebäude als Arlington Community Hall gebaut, und es war ein polnischer Club, als Stanley Tolkien ihn kaufte. Er brachte seine Hausgruppe, The Fugs, dort auf die Bühne, Ed Sanders, Tuli Kupferberg und Ken Weaver. Sie verbanden Rock, Komödie, Politik und Obszönitäten zu einem einzigartigen Mix. Im April 1966 mieteten Andy Warhol und Paul Morrissey den Club für eine Reihe von Performances. Hier traten zum erstenmal Nico, Lou Reed und John Cale als Velvet Underground auf. Später wurde aus The Dom The Electric Circus mit The Mothers of Invention und The Family Stone. Bob Dylan nannte den Club »The Balloon Farm« nach Warhols silbernen Ballon-Skulpturen. Als dort im März 1970 eine Bombe mehrere Menschen verletzte, war die große Zeit des Dom vorüber, im August 1971 schloß der Club seine Türen für immer.

Gegenüber in Nummer 4 lag einmal das **Bridge Theater**, ein Zentrum für Happenings und die Fluxus-Bewegung. Hier wurden neben anderen Stücke und Performances von Allan Kaprow, Claes Oldenburg, Robert Rauschenberg oder Jim Dine aufgeführt. Während einer Performance im Jahre 1967 wurde die amerikanische Flagge verbrannt, daraufhin wollte die Stadtverwaltung dem Theater die Lizenz entziehen. Als Reaktion darauf gründeten Andy Warhol, Jonas Mekas und Allen Ginsberg The New York Eternal Committee for Freedom of the Arts, und man traf sich mit Beamten der Stadtverwaltung. Bürgermeister Lindsay ließ das Theater nun unangetastet.

In Nummer 6 befand sich das Francisco Ferrer Center

der anarchistischen **Modern School** mit Emma Goldman und Upton Sinclair im Vorstand. Es zog später nach Harlem und danach nach Stelton, New Jersey, wo es 1953 schloß. Benannt war es nach dem spanischen Anarchisten Francisco Ferrer, der 1909 hingerichtet wurde.

An der Ecke (und gleichzeitig den gesamten Block bildend) von 8th Street und Third Avenue steht das **Cooper Union Building**, ein 1859 erbautes College, gestiftet von dem Industriellen Peter Cooper, das allen ohne Ansehen von Geschlecht oder Rasse kostenfrei offensteht. Cooper begann sein Immobilien-Imperium mit einem kleinen Lebensmittelladen, gründete dann eine Gießerei und wurde – wie sollte es in Amerika anders sein – zum Millionär. Der Menschenfreund, der selber kaum lesen und schreiben konnte, gründete das erste amerikanische College für Männer und Frauen, religionsungebunden, für alle Rassen und frei von Schulgeld. Das Gebäude hat Stahlträger und bildete somit einen ersten und innovativen Schritt in der Konstruktion der Wolkenkratzer. Der runde Turm oben auf dem Gebäude war von Cooper selbst entworfen worden. Er hatte die Erfindung des Aufzugs antizipiert, war aber damals nicht sicher, ob eine solche Konstruktion rund oder eckig ausfallen mußte. Die Halle im Erdgeschoß stand stets Sprechern aller politischen Ansichten offen, hier sprachen neben vielen anderen Abraham Lincoln, Allen Ginsberg, Max Eastman und Mark Twain. 1883 fand hier eine Gedenkstunde zum Tod von Karl Marx statt und vier Jahre später eine Protestkundgebung gegen die Haymarket-Hinrichtungen in Chicago*. Die Demonstration wurde auf die Straße getragen,

* Am Haymarket Square in Chicago fanden am 4. Mai 1886 Unruhen zwischen Gewerkschaftsvertretern und der Polizei statt. Eine friedliche Demon-

und die Polizei schritt unerbittlich ein. Die *New York Sun* berichtete: »Männer mit offenen Schädeln verkrochen sich in alle Richtungen ...«

Im Süden des Gebäudes befindet sich der kleine dreieckige **Cooper Square** mit einer Statue des Gönners von Augustus St. Gaudens, einem Studenten von Cooper Union.

Die große Kreuzung an 4th Avenue ist **Astor Place**, und Cooper Union liegt in gewisser Weise an diesem Platz, wo wir den Gang beenden. In der Mitte der Kreuzung steht eine schwarze Metallskulptur, die, 1967 von dem Bildhauer Tony Rosenthal geschaffen, »The Alamo« heißt und von den Leuten des Viertels »The Cube«, der Würfel, umgetauft wurde. Mit ein wenig Anstrengung kann man den Würfel drehen. An dem Zeitungskiosk vor dem Gebäude Astor Place 13 – heute liegt in der ersten Etage Starbucks Coffee, früher war es der Sitz der UAW, der United Auto Workers-Gewerkschaft – wird jeden Dienstagabend *The Village*

stration wurde von 180 Polizisten aufgelöst. Man bat, die letzten Sprecher ausreden zu lassen, und verhandelte mit der Polizei, als unter den Polizisten eine Bombe explodierte, die sechsundsechzig Polizisten verletzte, von denen später sieben starben. Die Polizei feuerte in die Menschenmenge, es gab Tote und über zweihundert Verletzte. Ohne Beweise oder Anhaltspunkte, wer die Bombe gezündet hatte, wurden acht Führer anarchistischer Vereinigungen in Chicago verhaftet. Das Gesetz von Illinois sieht vor, daß jeder, der zum Mord anstiftet, des Mordes schuldig ist. Die Beweise gegen die acht waren ihre Ideen und Weltanschauungen, ihre Literatur. Keiner der acht Männer war auch nur in der Nähe von Haymarket Square gewesen. Auf einer Protestkundgebung in London erklärte George Bernard Shaw: »Wenn die Welt acht ihrer Menschen verlieren muß, so könnte sie es besser verkraften, die acht Mitglieder des Obersten Gerichtshofs von Illinois zu verlieren.«

Ein Jahr nach der Verhandlung wurden vier verurteilte Anarchisten, Albert Parsons, August Spies, Adolph Fischer und George Engel, gehängt. Der zweiundzwanzigjährige Louis Lingg steckte sich in seiner Zelle eine Dynamitstange in den Mund und zündete sie, die restlichen drei blieben im Gefängnis.

Voice noch druckfrisch ausgeliefert. Lange Schlangen bilden sich vor dem Kiosk, um auf die Zeitung zu warten, die inzwischen in New York eine Institution geworden ist. Die Redaktion ist gleich um die Ecke in 36 Cooper Square.

Astor Place trägt seinen Namen nach John Jacob Astor. Als er 1848 starb, war er einer der reichsten Männer der Welt. Man bezeichnete ihn als einen der großen Raubbarone New Yorks. Er machte sein Vermögen ursprünglich als Pelzhändler mit den Indianern. Hauptsächlich waren es Biberfelle, mit denen er handelte, darum lohnt sich ein Blick auf die Kacheln von Milton Glaser in der U-Bahn-Station von Astor Place, die diese Pelztiere zeigen. Von politischen Aktivisten wurde der Platz einmal in Peltier Place umbenannt, nach dem inhaftierten Aktivisten des AIM, des American Indian Movement, Leonard Peltier – »pelt« jedoch heißt Pelz, somit war es nicht nur eine politische Aktion, sondern ebenso ein ironisches Wortspiel.

Interessant ist noch der Subway Kiosk von Astor Place. Zu Beginn des 20. Jahrhunderts hatte fast jede U-Bahn-Station einen solchen Kiosk. 1911 entschloß sich die Transit Authority aus unerklärlichen Gründen, sie alle abzureißen. 1985 ließ man diesen im alten Stil wieder aufbauen, um ein wichtiges Element der Stadtarchitektur wiederherzustellen.

SoHo:
Von Bleecker Street Subway Station bis Broadway

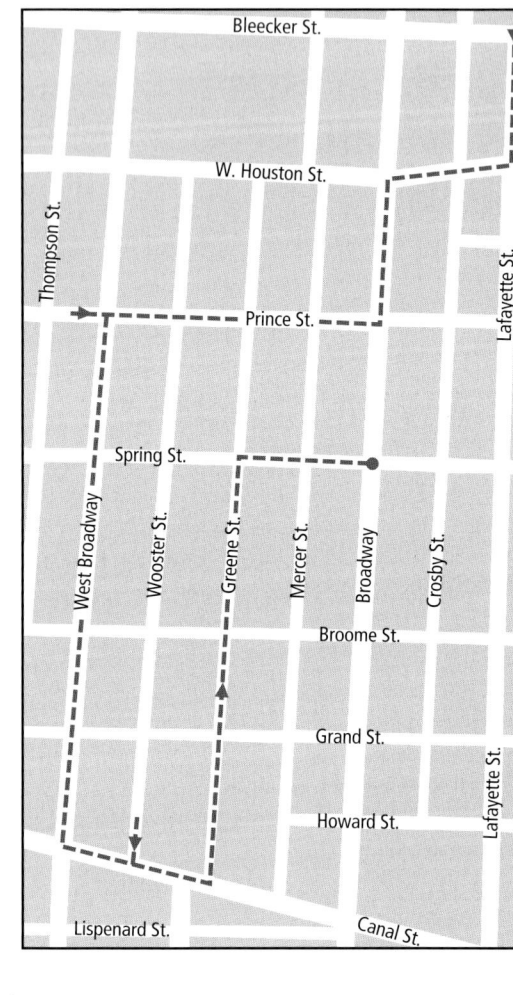

> In Bezug auf das allgemeine Interesse, seine
> Position und seine Geschäfte ist New York
> grundsätzlich nationalen Charakters. Keiner
> denkt an den Ort als Teil eines bestimmten
> Bundesstaates, sondern als Teil der Vereinig-
> ten Staaten.
>
> *James Fenimore Cooper*

Das Akronym SoHo entstand aus **South of Houston***, benannt nach der großen, die Stadt von Ost nach West durchschneidenden Straße, die gleichzeitig die nördliche Grenze einer der größten Galerieansammlungen der Welt darstellt. Ihren Anfang nahm diese Gegend als Hell's Hundred Acres, denn die völlig heruntergekommenen Slums, die dort im 19. Jahrhundert standen, wurden oft von verheerenden Feuern heimgesucht. In späteren Jahren und bis in die 60er Jahre des vorigen Jahrhunderts wurde aus SoHo – als es seinen griffigen Namen noch nicht verliehen bekommen hatte – eine Gegend großer Lagerhallen und Produktionsstätten, die in den sogenannten *cast-iron buildings* lagen, jenen Gebäuden mit einem Gerippe aus Gußeisen, die die Grundlage für immer höhere Häuser und schließlich Wolkenkratzer bildeten. SoHo war und ist ein wahres Museum dieser *cast-iron buildings.* Man findet ausgesprochene Schmuckstücke in den inzwischen fast durchgehend renovierten und in altem Glanz erstandenen Gebäuden, denn 1973 wurden diese Häuser von der Land-

---

* sprich: /Hausten/ und nicht /Hjusten/, wie die ebenso geschriebene texanische Stadt. Die Straße wurde nach William Houston benannt, einem Abgeordneten aus Georgia. Er heiratete die Tochter des Besitzers des Landes, durch das die Houston Street verlegt wurde.

mark Preservation Commission unter Denkmalschutz gestellt. SoHo ist aber auch eine der Gegenden, wo die Immobilienpreise in sagenhafte Höhen schnellten, sobald es als Spekulationsgebiet entdeckt und vermarktet wurde. Aus dem ehemaligen Künstlerviertel, in dem die leerstehenden Lofts von Malern und Bildhauern als Ateliers genutzt wurden, hat sich ein Galerie-, Ausgeh- und Einkaufsviertel erster Klasse entwickelt. Tatsächlich sind heute die Galerien zum Teil wieder abgewandert und befinden sich in Uptown oder in Chelsea, denn die Attraktion von SoHo für Touristen ist so groß, daß ganze Menschenmassen *gallery-hopping* machen. Will man sich seine Galeriebesuche gut organisieren, empfiehlt es sich, am Kiosk den *Gallery Guide* zu kaufen, der – immer aktuell – über die wichtigsten Ausstellungen Auskunft gibt.

Die Autorin Fran Lebowitz beschreibt den neu erstandenen Stadtteil in ihrem Buch *Metropolitan Life*, in dem sie über die New Yorker Kunstszene, ihren Stil und die sie umgebende Popkultur schreibt, so: »Eines Tages erkannte ein Großer Künstler, daß er am selben Ort gleichzeitig leben und Große Kunst machen konnte, wenn er alle Nähmaschinen und Stoffballen aus einem dreihundert Quadratmeter großen Loft schmiß und ein Bad und eine Küche einbaute. Ihm folgten bald andere Große Künstler und denen Große Anwälte, Große Boutiquebesitzer und Große Reiche Kids. Schon bald gab es ein Soho, und es war überladen mit Parkettböden, Pflanzen, mit denen man sprach, Schaukeln, die von der Decke baumelten, enormen Schallplattensammlungen, Wanderschuhen, Konzeptkünstlern, Videokommunen, Kunst-Buchhandlungen, Kunst-Lebensmittelläden, Kunst-Restaurants, Kunst-Bars, Kunst-Galerien und Läden, die

Batikregenmäntel, Übertöpfe aus Makramé und Art Deco-Salatschüsseln verkauften.«

Wir beginnen unseren Spaziergang etwas oberhalb von SoHo bei der U-Bahn-Station an der Kreuzung von Bleecker und Lafayette Street, wo am 12. Oktober 1950 der 25jährige William Cannastra, enger Freund von Lucien Carr, Jack Kerouac und Allen Ginsberg, auf schreckliche Weise ums Leben kam. Kerouac nahm sich Cannastra als Vorbild für die Figur Finistra in *Visions of Cody*. Sein Tod wurde ebenfalls zum zentralen Ereignis in dem Roman *Go* von John Clellon Holmes. Holmes verlegte den Unfall jedoch in eine andere U-Bahn-Station auf der 23rd Street. Holmes schrieb in *Go*, ein betrunkener Agatson (Cannastra) »versuchte aus einem der Fenster des Zugs zu klettern. Er unterschätzte jedoch die Geschwindigkeit, und bevor er zurückkonnte, traf die Tunnelwand seinen Kopf und seine Schultern, er wurde aus dem Fenster gerissen, nach unten zwischen die Räder geworfen und zwanzig Meter weit mitgeschleift.« Kurze Zeit später verstarb er im Columbus Hospital (heute Cabrini Medical Center). Drei Freunde, die zum Zeitpunkt des Unfalls mit ihm zusammen waren, sagten, er habe aussteigen wollen, um zur Bleecker Street Tavern zurückzugehen. In *Howl (Das Geheul)* beschreibt Ginsberg Cannastra: Er fiel »aus einem U-Bahnfenster, sprang in den schmierigen Gang, hüpfte auf Neger, schrie die gesamte Straße zusammen, tanzte barfuß auf zerbrochenen Weingläsern, zerbrach Schallplatten mit nostalgischem europäischen dreißiger Jahre deutschem Jazz trank seinen Whiskey aus und kotzte stöhnend in die blutige Toilette ...«

Nach diesem blutigen Anfang gehen wir über die Lafayette bis zur Houston Street, biegen rechts ein und kommen so zum Broadway, wo wir links in südlicher Richtung spazieren. Hier beginnt ein Bummel durch verschiedene Museen, die sich auf engstem Raum drängen. Diese öffentlichen Museen sollen gleichsam als Einstieg in die Galerieszene von SoHo dienen. In Nummer 593 ist das **Museum for African Art** untergebracht, wo in ständig wechselnden Ausstellungen die Fülle afrikanischer Kunst von prähistorischen Zeiten bis zur Gegenwart gezeigt wird. Das Gebäude wurde von Maya Lin entworfen, die auch das Vietnam Memorial in Washington, D. C., entwarf. Gegenüber in Nummer 594 befindet sich im vierten Stock das **Alternative Museum**, ein Ort neuer und neuster Kunst, die hier in Einzel- oder Sammelausstellungen vorgestellt wird. Mittwochs abends finden hier abwechselnd Jazzkonzerte, Dichterlesungen und Tanzveranstaltungen statt. Nur ein paar Schritte weiter befindet sich in Nummer 583 **The New Museum of Contemporary Art.** Auch dieses Museum widmet sich eher zeitgenössischen Arbeiten und Künstlern und verfügt über keine ständige Ausstellung, wie zum Beispiel das Whitney Museum, wo Marcia Tucker früher gearbeitet hatte. In der Nummer 575 liegt das **Guggenheim Museum SoHo,** eine Dependance des großen Guggenheim Museum auf der 5th Avenue, in dem zeitgenössische und damit für SoHo passendere Ausstellungen stattfinden als in Uptown.

Im Gebäude 584 Broadway Suite 1208 hat die **Acadamy of American Poets** ihren Sitz. 1996 wurde der April von ihr zum *National Poetry Month* erklärt. Man hoffte, dadurch ein stärkeres Interesse von Verlegern, Buchläden, Lehrern und Dichtern überall im Land an Workshops, Dichterlesungen und Festivals zu wecken, um auf die Bedeutung der Dichtkunst in Amerika aufmerksam zu machen. Ähnlich muß auch Marie Bullocks Absicht gewesen sein, als sie 1934 die Akademie gründete. 1963 veranstaltete die Akademie mit Robert Lowell und John Berryman im Guggenheim Museum ihre erste öffentliche Lesung. Heute werden von ihr neben dem mit $ 100000 dotierten Dorothea Tanning-Preis oder dem Walt Whitman Award weitere Preise und jährlich mehr als fünfzig Lesungen im gesamten Land finanziert. Das von Bruno Navasky herausgegebene vierteljährlich erscheinende Magazin *American Poet*, das bisher nur den Mitgliedern der Akademie zugänglich war, kann inzwischen auch an Kiosken gekauft werden.

Auf dem Broadway etwas nördlich der Prince Street befand sich auch **James Fenimore Coopers** erste Adresse in New York. Das heutige SoHo war in den 30er Jahren des 19. Jahrhunderts ein Vorort, und das Haus, in dem die Familie wohnte, ist längst abgerissen und der Grund, auf dem es stand, wohl dutzendfach untergepflügt worden. Damals lebte es sich ruhig an diesem Ort. Nach der Veröffentlichung seines Buchs *Der Spion* zog Cooper mit seiner Familie aus seinem Geburtsort Cooperstown, New York, in die Stadt. Von Schulden gedrückt, wohnte die Familie an verschiedenen Adressen, und 1826, dem Jahr, als sein wohl bekanntestes Werk: *Der letzte Mohikaner* erschien, wanderte die Familie mehrere Jahre nach Europa aus. Nach ihrer Rückkehr wohnten die Coopers in der Bleecker Street in der Nähe des heutigen La Guardia Place und auf St. Mark's Place im East Village. Obwohl Cooper den amerikanischen Roman mit begründete, werden seine Werke heute nur noch selten gelesen. Melville, Balzac, Conrad und D. H. Lawrence lobten ihn über die Maßen – dennoch erinnert man sich heute eher an Mark Twains beißende Kritik seiner Arbeit als an das Lob der anderen. Mitverantwortlich dafür mag sein manierierter und überladener Stil sein, der es heutigen Lesern schwermacht, seine Texte zu lesen und zu genießen. Mit Uncas und Chingachgook jedoch hat Cooper unvergeßliche Gestalten geschaffen, die in fast allen Medien, vom Film bis zum Comic, aufgetreten sind.

An der Ecke Broadway und Prince Street steht das 1904 von dem Architekten Ernest Flagg errichtete 12stöckige, L-förmige **Singer Loft Building** der Singer-Nähmaschinen-Firma. Mit seinen Terracotta-Platten, dem Glas und den Stahlträgern und -säulen ist es ein besonders gut erhaltenes und sehr schönes Exemplar der *cast-iron buildings*. Die Fassade wird oben durch einen weichen Bogen unterhalb des Gesimses aufgelockert, das unter dem letzten Stock hervorspringt. Indem er statt Gußeisen Schmiedeeisen verwendete, schuf er mit den Balkongittern einen insgesamt leichteren Eindruck, als ihn die anderen Häuser des Viertels mit dem Zickzack von Feuerleitern an ihren Fassaden bilden. Sein Stil kündigt bereits die voll verglasten Hochhäuser an, wie sie heute überall gebaut werden. Flagg entwarf eine Reihe wichtiger Denkmäler in New York, darunter den Scribner's Bookstore (heute Brentano's) auf der 5th Avenue und das leider nicht mehr erhaltene Singer Building and Tower auf dem Broadway 149, das das heutige mit seinen 47 Stockwerken um einiges überragte. Die ehemalige Existenz dieses alten Gebäudes ist der Grund, warum das neue Singer Loft Building oft auch The Little Singer genannt wird. Am besten ist das Gebäude von gegenüber zu sehen, wo sich in Nummer 560 eine weitere Institution New Yorks befindet: **Dean**

54

and Deluca. Zwar gibt es heute zahlreiche Filialen in allen Stadtteilen und auch außerhalb New Yorks, zum Beispiel im edlen Easthampton auf Long Island, doch hier auf dem Broadway befindet sich das Originalgeschäft. Die Preise liegen allerdings längst außerhalb der Reichweite der meisten Künstler, die vor dem Boom hier lebten. Die Sandwiches jedoch sind immer noch ausgezeichnet und der Capuccino köstlich, und an der Bar sitzend hat man einen wunderbaren Ausblick auf das Little Singer sowie auf eine der geschäftigsten Kreuzungen SoHos.

Im selben Gebäude wie Dean and Deluca sind mehrere Galerien untergebracht, ebenso auf dem Stück zwischen Prince Street und Houston, doch auch etwas darüber hinaus liegen neben den genannten Museen sieben weitere **Broadway Gallery Buildings**. In deren Stockwerken haben Dutzende von Galerien ihren Sitz, die zum zwanglosen und – im Gegensatz zu den Museen – eintrittsfreien Besuch laden.

Wir gehen weiter über die Prince Street in westlicher Richtung und betreten damit das eigentliche SoHo. An der Ecke zur Mercer Street befindet sich ein Klassiker unter den Restaurants und Bars der Gegend, das 1847 gegründete **Fanelli's Café**. 1922, als es noch ein Speakeasy war, erhielt es seinen heutigen Namen. Im Fanelli's läßt sich sehr gut essen und trinken; an die wüsten Jahre erinnern nur noch ein paar Fotos an den Wänden. An der Ecke Wooster gibt es eine Art Flohmarkt, der jedoch schon lange keine Schnäppchen mehr bereithält. Auf der Prince Street liegen mehrere interessante Galerien; die **Louis K. Meisel Gallery** ist einer der wichtigsten Ausstellungsräume für die Photorealisten. Hier stellten u. a. Chuck Close, Richard Estes und Mel Ramos aus.

Wir überqueren den West Broadway, das eigentliche Herz von SoHo, und gehen ein Stück weiter auf der Prince Street. In Hausnummer 160 findet sich die **Vesuvio Bakery**, eine wunderschöne italienische Bäckerei, die seit 1920 im Besitz der Familie Dapolito ist. »Ich mache anständiges italienisches Brot, weißes und graues. Warum die Amerikaner ihr weiches Wonder Bread so lieben? Ich glaube, sie lieben es gar nicht. Sie werden's nur nicht mehr los. Es ist einfach da, und so kaufen sie's«, sagte Anthony Dapolito. Allerdings sind die Zeiten, da Wonder Bread das einzige in Amerika verkaufte Brot war, längst vorbei, die Auswahl an Broten und anderen Lebensmitteln ist von großer Fülle und herausragender Qualität.

Wir kehren zurück zum **West Broadway** und gehen in südlicher Richtung. Rechts und links herrscht ein Jahrmarkt der Eitelkeiten; dort liegen Cafés, Bars, Restaurants, Boutiquen und eben Galerien. Besonders hervorzuheben sind die Galerien Leo Castelli, O.K. Harris, Nancy Hoffman und die Sonnabend Gallery. Es sind Ausstellungsräume, die den »Galerieboom« früherer Zeiten in SoHo überlebt haben. Sie sind als »Supermärkte der Kunst« verschrien, und Tama Janowitz bezeichnet einen Galeristen in ihrem Roman *A Cannibal in Manhattan* als: »common criminal and art dealer« (»gewöhnlicher Verbrecher und Kunsthändler«). Sicher ist daran sehr viel Wahres, doch gleichzeitig sind und waren die Galerien wichtige Institutionen in der Entwicklung der internationalen Kunst. Zu einer bestimmten Zeit kam kein Künstler, unabhängig davon, woher er oder sie stammte, an New York und seiner Kunstszene vorbei. Hier stellten alle großen und etablierten Künstler aus, die amerikanische Kunst weltweit berühmt und wichtig gemacht haben und die

Vesuvio Bakery

heute in den großen Museen der Welt vertreten sind, so etwa Frank Stella, Claes Oldenburg, Donald Judd, Jasper Johns, Roy Lichtenstein, Bruce Nauman, Keith Haring, Robert Morris oder Richard Serra. Durch die Menge der heutigen Galerien und die unvorstellbare Vielfalt der Ausstellungen bedarf es einer gewissen Vorbereitung, um nicht in der Masse des Gezeigten zu ertrinken. Die meisten Galerien stehen allen Besuchern offen und kosten keinen Eintritt. Zwischen Mitte Juli und Anfang September herrscht allerdings Sommerpause, und es werden fast keine Ausstellungen gezeigt. Normalerweise laufen die Shows aber vier bis sechs Wochen. Einen Überblick über die neusten Ausstellungen und Eröffnungen geben, neben dem bereits erwähnten *Gallery Guide, The Village Voice*, die Wochenendausgabe der *New York Times*, und die beiden Magazine *The New Yorker* und *New York*.

Nach soviel Kunst empfiehlt sich eine kurze Pause in der **Broome Street Bar,** West Broadway, Ecke Broome Street. Wie Fanelli's ist dies eine alte Bar, die schon lange vor den Galerien in SoHo aufgemacht wurde.

Etwas weiter auf der linken Seite befindet sich **SoHo Books,** ein Buchladen mit extrem preiswerten antiquarischen Büchern. Wir gehen weiter bis zur Canal Street, die heute an einen Basar erinnert, so übervoll ist sie mit Geschäften, die, Garagen gleich, keine Schaufenster haben, sondern ihre Waren direkt auf dem Bürgersteig anbieten. Hier ist alles zu bekommen, von Levi's Jeans über Koffer und Batterien bis zu jeder Art von Werkzeug und elektronischen Gütern. Handeln lohnt sich in jedem Fall, wenn man hier etwas kaufen möchte. Wir gehen bis zur Wooster Street und biegen links ein. In Nummer 33 befindet sich die **Performing Garage**, eines der ältesten alternativen Theater Amerikas. Hier trat Spalding Gray mit seinen Monologen auf. In seinem Film *Swimming to Cambodia* ist die Performance Garage zu sehen, denn der gesamte Film, ein Monolog Grays, wurde dort aufgenommen. Wer die Gelegenheit hat, den Film oder gar Gray selbst mit einem seiner Monologe zu sehen, sollte dies auf keinen Fall verpassen, es ist ein einmaliges Erlebnis, eine Theatererfahrung der wirklich besonderen Art. Wer ihn live nicht sehen kann, sollte nicht versäumen, das Buch zu lesen, denn es vermittelt wie kaum ein anderes sehr einfühlsame Einblicke in die amerikanische Lebensweise und in das, was man gemeinhin den *American Way of Life* nennt.

Wir gehen zurück zu Canal Street, biegen links ein und gleich wieder links in Greene Street, der schönsten Straße mit den aufsehenerregendsten *cast-iron buildings* SoHos. In Nummer 8 wohnte bis zu seinem Tod im Jahr 1994 Joe Brainard. Brainard war ein Künstler, der sich sowohl als Schriftsteller wie als bildender Künstler betätigte. Sein Buch *I Remember* (Ich erinnere mich), das 1975 erschien, wird vielfach als Meisterwerk eines Stils bewertet, der in freier Assoziation mit dem unmittelbaren und mittelbaren Lebensbereich des Autors umgeht. Genau das setzt Spalding Gray in seinen Monologen ein. Paul Auster setzte eine Neuauflage von *I Remember* bei Penguin durch. Brainard starb, bevor es erschien, an Aids.

Die Greene Street beherbergt die größte Anzahl an *cast-iron buildings* in der Welt – fünfzig Gebäude in wenigen Straßenzügen, die meisten davon in dem Block zwischen der Canal Street und der Grand Street. Sie wurden zwischen 1860 und 1890 erbaut. Die neue Bauweise mit dem gußeisernen

Cast Iron Buildings in SoHo, Greene Street

Gerippe erlaubte schwächere Wände, da diese keine Last zu tragen hatten. Ohne tragende Wände aber konnten die Räume größer, offener und mit mehr Fensterfläche ausgestattet werden. Darüber hinaus konnte man mit vorgefertigten Teilen bauen, Teilen, die in jeder beliebigen Form und jedem verfügbaren Stil gegossen werden konnten. So wechseln sich korinthische Säulen mit französischen, italienischen, neugotischen oder griechischen ab. Die Nummer 28-30 nennt man die **Queen of Greene Street,** es ist eines der schönsten Gebäude dieser Art überhaupt. Es wurde 1872 von Isaac F. Duckworth in französischem Stil mit Säulen, Fensterbögen und vorspringenden Fenstern erbaut. So schön diese Gebäude aussehen und aussahen, sie wurden immer nur kommerziell genutzt: In ihnen waren Läden und kleine Manufakturen hauptsächlich im Textilbereich untergebracht. Dies wird auch an den eisernen Laderampen und Glasböden auf den Bürgersteigen und an den Häusern deutlich, die den im Souterrain gelegenen Arbeits- und Lagerräumen Licht spendeten. In Nummer 72-76 befindet sich der sogenannte **King of Greene Street,** ein fünfgeschossiges Gebäude im Renaissancestil mit wunderschönen korinthischen Säulen. Heute liegt dort die M-13 Galerie und The Second Coming, ein Second Hand- und Antiquitäten-Laden.

Auf der Spring Street biegen wir rechts ein. In Nummer 72 befindet sich im ersten Stock das **Poets House,** eine von Elizabeth Kray und dem Dichter Stanley Kunitz ins Leben gerufene Bibliothek, ein »komfortabler, zugänglicher Ort für Poesie«, wie es in den Satzungen heißt. Hier lagern mehr als 30 000 Bücher und ein Archiv mit Hunderten von Tonbandaufnahmen von Dichterlesungen und anderen Veranstaltungen. Die Räume stehen allen Interessierten offen, und in jedem Herbst werden bis zu 1200 Neuerscheinungen des Jahres aus den Vereinigten Staaten ausgestellt. Besucher erhalten hier die *Manhattan Poetry Map*, in der über fünfzig Adressen angegeben sind, die mit Dichtern und Dichtkunst zu tun haben.

Im selben Gebäude befindet sich auch die Organisation *Poets & Writers*, die neben anderen Aktivitäten das *Poets & Writers Magazine* herausbringt, ein sechsmal jährlich erscheinendes Magazin mit Informationen aus der literarischen Welt, mit Adressen von Agenten, Verlagen, mit Ausschreibungen und allgemeinen Lebenshilfen für Autoren. Interessant ist auch das *Dictionary of American Poets and Writers*, ein jährlich auf den neusten Stand gebrachter Katalog mit Anschriften, Telefonnummern und E-Mail-Adressen von über siebentausend Dichtern und Autoren.

Wir gehen bis zum Broadway und beenden den heutigen Gang. Hier befinden sich jetzt links und rechts große Textilgeschäfte. Levi's, The Gap und Armani sind hier vertreten. Wenn auch der Spaziergang endet – es lohnt sich in jedem Fall, die noch nicht begangenen Straßen zu durchwandern und nach weiteren Galerien zu suchen.

Chelsea:
Über das Chelsea
Hotel zum
Empire State Building

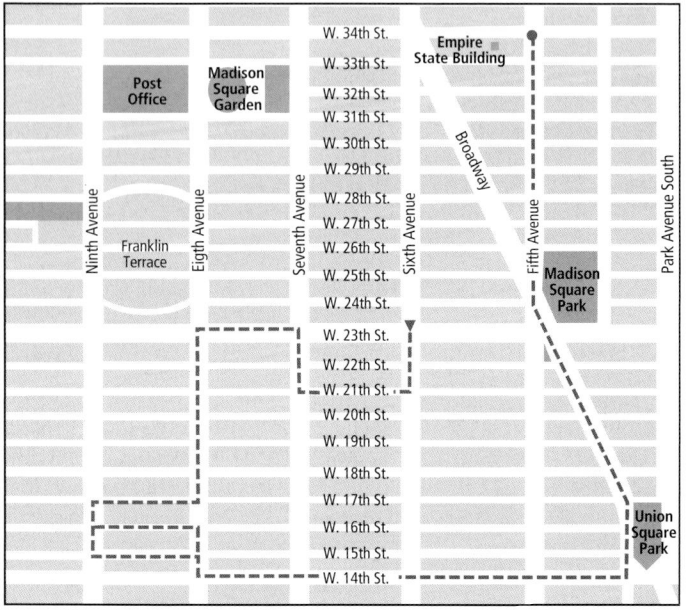

> Who will remember that Mark Twain used to stroll
> in the gorgeous dining room, that Princesses,
> Poets and celebrated actresses
> Lived here and made its soul …*
> *Edgar Lee Masters über das Chelsea Hotel*

Chelsea wird von West 14th Street, West 34th Street, Sixth Avenue und Hudson River begrenzt und liegt zwischen Greenwich Village und Midtown. Oberhalb der 14. Straße und damit in Chelsea beginnt die Verkehrsarchitektur, die man gemeinhin mit New York assoziiert: rechtwinklige, gleichmäßig wie ein Schachbrett angelegte Straßen. Den Amerikanern des frühen 19. Jahrhunderts muß dies äußerst modern erschienen sein, und uns erscheint es amerikatypisch. Im Jahr 1811 hatte man damit begonnen, den nördlichen, bis dahin noch nicht besiedelten Teil Manhattans in das größere Stadtgebiet miteinzubeziehen. Eine Zeitlang war die 14th Street die nördliche Grenze der Stadt gewesen, und jenseits begann die große Wildnis. Die Bevölkerungsexplosion jedoch, hervorgerufen durch den gewaltigen Einwandererstrom des 19. Jahrhunderts, ließ die Stadt sich rasch nach Norden hin ausdehnen. Chelsea erhielt seinen Namen von Thomas Clarke, dessen Farm sich 1750 von der heutigen 8th Avenue bis zum Hudson River erstreckte.

Die 14. Straße ist die erste wie mit dem Lineal gezogene Straße, die sich von Osten nach Westen durch Manhattan

---

* Wer wird sich daran erinnern, daß Mark Twain / durch den prächtigen Speisesaal schlenderte, daß Prinzessinnen, / Poeten und gefeierte Schauspielerinnen / Hier lebten und seine Seele ausmachten …

zieht. Ein Spaziergang vom Hudson bis zum East River einmal quer durch die Stadt ist ein Weg, wie man ihn nur in Manhattan nehmen kann und auf den man keineswegs verzichten sollte. Beginnend am East River unter dem Roosevelt Drive liegen links die Jacob Riis Houses, ein sogenanntes *Housing Project*, zu deutsch wohl Sozialbauten. Etwas weiter auf der rechten Seite ist Stuyvesant Town, eine Kleinstadt in der Stadt. In insgesamt neuntausend Wohnungen leben hier etwa fünfundzwanzigtausend Einwohner. Der Weg führt uns zum Union Square Park. Heute ist von seiner stürmischen Gewerkschaftsvergangenheit nur noch wenig zu spüren, auch wenn in der Nachbarschaft immer noch viele Gewerkschaftsbüros liegen. Gleich am Südende des Parks steht eine Statue Lafayettes, geschaffen vom Bildhauer der Freiheitsstatue, Frédéric-Auguste Bartholdi. Schon taucht man ab in einen drei Straßenblöcke langen Straßenbazar, wo die Geschäfte ihre Waren bis auf den Bürgersteig hinaus anbieten. Hier kann man alles kaufen, und Menschen aller Hautfarben bieten ihre Güter an. Kurz darauf, zwischen der 7th und der 8th Avenue, kommen wir in die Gegend, die früher als Little Spain bekannt war. Hier finden immer wieder Folklore-Festivals statt für ethnische Minderheiten, die schon lange nicht mehr hier leben. Nach ein paar weiteren Straßenzügen erreichen wir den Gansevoort-Fleischmarkt, wo man die amerikatypischen Bilder von Männern sieht, die um ein Eisenfaß stehen, in dem Holz von den Fleischkisten verbrannt wird, um sie zu wärmen. Vorsicht, die Fleischpacker sind eifrig bis übereifrig bei der Sache und wuchten ihre Rinderhälften ohne große Ankündigungen herum. Zwischen all dem Fleisch ist auch der Transvestitenstrich, der sich bis zum Hudson erstreckt.

Den kurzen Gang von Fluß zu Fluß sollte man sich nicht entgehen lassen, er stellt eine einmalige Reise durch verschiedene Kulturen, ja fast durch Jahrhunderte dar.

Den eigentlichen heutigen Gang aber beginnen wir an der U-Bahn-Station Ecke 6th Avenue und 23rd Street. Einen Block weiter südlich biegen wir rechts in die 21st Street ein. In dem Haus, das einmal auf Nummer 125 stand, wohnte **William Cannastra** bis zu seinem tragischen Tod im Oktober 1950 (s. Gang durch SoHo) in einem Loft, welches für die dort gefeierten, tagelang dauernden wilden Parties berühmt war – einmal aß Cannastra zur Unterhaltung seiner Gäste ein Glas. Bei einem anderen Fest forderte Cannastra Kerouac zu einem Wettrennen um den Block heraus – nackt im Regen. Cannastra zog sich völlig aus, Kerouac behielt seine Unterhose an. Ein andermal brach er Radioantennen von parkenden Wagen ab, die, so schrieb Ginsberg, »zwischen seinen Fingern hervorschauten wie Jupiters Blitze«. In seinem Roman *Go* beschreibt John Clellon Holmes die Gegend: »Agaston [Cannastra] wohnte in einem düsteren Viertel mit Lagerhäusern, Textilmanufakturen und riesigen Taxigaragen. Sein Loft lag in der obersten Etage eines häßlichen Backsteinbaus, der bis auf eine Lampenschirmfabrik in der ersten Etage unbewohnt war. Das Treppenhaus roch nach verbranntem Leim und alten Stoffballen und war oberhalb der Fabriketage unbeleuchtet, eng und voller Abfall. Das Loft selbst war ein offener Raum mit niedrigen Fenstern, ein paar Dachluken, die den Blick auf Schornsteine freigaben, und einer Art von Küchenecke in der hinteren Ecke. Es war ein phantastisches Durcheinander zerbrochener Schallplatten, staubiger Flaschen, Matratzen, es gab einen zerschlissenen Autositz, ein paar klapprige Stühle, die man von der Straße mitgebracht hatte, und ein paar umherfliegende Kleidungsstücke ohne Besitzer.«

Nach Cannastras Tod zog seine Freundin Joan Haverty in das Loft, wo sie kurze Zeit darauf Kerouac kennenlernte. Es war Liebe auf den ersten Blick für ihn, und er fragte sie am nächsten Tag, ob sie ihn heiraten wolle. Sie willigte nach ein paar Tagen ein, und die beiden wurden am 17. November, nur wenige Wochen nach Cannastras Tod, im Haus des Richters Vincent Lupiano im Village getraut. Kerouac hatte mehrere hundert Leute zur Hochzeitsfeier in das Loft eingeladen – doch er kippte um und mußte zu Bett gebracht werden, noch bevor das Fest richtig begann. Das Ehepaar wohnte eine Zeitlang in diesem Loft, bis es zu Kerouacs Mutter zog und von dort in eine eigene Wohnung auf der 20th Street.

Kerouac verließ seine Frau, als sie mit ihrer gemeinsamen Tochter Jan schwanger war: eine Beat-Generation-Geschichte, merkwürdig anmutend in ihrer amerikanischen antibürgerlich-bürgerlichen Verschrobenheit, mit Blitzehen, Blitzscheidungen und verlorenen Kindern.

Im Haus 145 wohnte von 1935 bis zu seinem Tod im Jahr 1983 der Dichter und Tanzkritiker Edwin Denby in einem Loft im ersten Stock. Er wurde 1903 in China als Sohn des amerikanischen Konsuls geboren. Viele seiner Gedichte handeln von Willem de Kooning, Alex Katz, Franz Kline oder anderen Vertretern der New York School. De Kooning porträtierte Denby. Zusammen mit Orson Welles arbeitete er Ende der 30er Jahre an *Horse Eats Hat*, einer französischen Farce von Michel Labiche. Er schrieb mehrere Opernlibretti und Tanzkritiken für die *New York Herald Tribune*. In einem seiner Gedichte schrieb er:

»I myself like the climate of New York
I see it in the air up between the street
You use a worn-down cafeteria fork
But the climate you don't use stays fresh and neat.«

Zu Denbys Gästen hier auf der 21st Street gehörten Bertolt
Brecht, Kurt Weill, Lotte Lenya, W. H. Auden, Allen Ginsberg und Willem de Kooning.

In Nummer 149 lebte zwischen 1950 und 1951 **Lucien Carr**.
Er war ein wichtiges Mitglied der Gruppe der Beats, obwohl
er selbst gar nicht schrieb. Ginsberg lernte ihn schon früh
an der Columbia University kennen. Carr kannte zu diesem
Zeitpunkt bereits Burroughs und Kerouac und brachte in
diesem frühen Stadium fast alle Mitglieder der späteren
Gruppe zusammen. Am 14. August 1944 erstach Carr David Kammerer. Zwei Tage später stellte er sich nach Gesprä-
chen mit Ginsberg und Kerouac der Polizei und gestand
seine Tat. Carr wurde zu vier Jahren Gefängnis verurteilt,
die er im Elmira Reformatory verbrachte. Der zwanzigjäh-
rige Carr war sehr attraktiv, Ginsberg bezeichnete sein Äu-
ßeres als »engelhaft«. Kammerer, ein Freund Burroughs aus
St. Louis, verfolgte Carr und entwickelte, was vor Gericht
später als »Obsession« bezeichnet wurde. Er folgte ihm zuerst nach Chicago, dann nach New York. An jenem August-
tag machte Kammerer ihm am Ufer des Hudson River
erneut sexuelle Avancen und drohte, so Carr, dessen Freundin zu verletzen. Carr stieß ihm sein Messer zweimal ins
Herz und versuchte dann in Panik den Leichnam mit Steinen
zu beschweren und im Hudson zu versenken. Die Leiche
sank nicht und wurde schon bald stromabwärts entdeckt.
Die Zeitung *Daily News*, die Carrs Geschichte auf der

Titelseite brachte, nannte es »an honor slaying«, eine Tötung um der Ehre willen. Nach seiner Entlassung aus der Haft arbeitete Carr für United Press International. Er hatte zwei Söhne. Einer von ihnen, Caleb Carr, schrieb den Bestseller *The Alienist (Die Einkreisung)*, der im New York des 19. Jahrhunderts spielt. Mit Dr. Laszlo Kreizler schuf er einen Sherlock Holmes aus New York, einen Psychologen, der in seinem faszinierenden Detektivroman dem kranken Verstand eines Mörders auf der Spur ist.

An der Ecke 7th Avenue gehen wir rechts und biegen nach links in die 23. Straße ein. Schon nach einigen Schritten liegt dort in Höhe der Nummer 222 West 23rd Street eins der berühmtesten Baudenkmäler des Viertels, das **Chelsea Hotel**. Errichtet wurde das Gebäude mit seinen schmiedeeisernen Balkongittern, die es von allen anderen Häusern abheben, 1883 als Apartmenthaus mit Eigentumswohnungen. Im Jahr 1905 wurde es in ein Hotel umgebaut. Seitdem gilt es als eins der bekanntesten Hotels der Welt. Vor allem Künstler stiegen hier ab. Die Messingschilder an der Fassade neben der Eingangstür verweisen auf all jene, die hier kürzere oder längere Aufenthalte hatten. Mark Twain wohnte schon hier, als das Chelsea noch gar kein Hotel war. Später folgten O'Henry, Mary McCarthy, Arthur Miller, Vladimir Nabokov, Thomas Wolfe, Jewgeni Jewtuschenko. Dylan Thomas fiel in seinem Zimmer nach einer heftigen und nie geklärten Trinktour ins Koma und wurde ins St. Vincent's Hospital eingeliefert, wo er schließlich im Alter von neununddreißig Jahren verstarb. William Burroughs und Lawrence Ferlinghetti wohnten im Chelsea Hotel. 1966 machte Andy Warhol das Hotel erneut berühmt, als er dort seinen Film *Chelsea Girls* drehte. Bob Dylan schrieb hier »Sad-

Eyed Lady for the Lowlands«. Auch andere Musiker und Rockgruppen wie Jimi Hendrix, Janis Joplin, The Greatful Dead, The Allman Brothers, Pink Floyd, The Mamas and the Papas und Jefferson Airplane stiegen hier ab. Sid Vicious von den Sexpistols erstach hier seine Freundin Nancy Spungen – Stoff für den Film *Sid and Nancy*. Vicious selbst starb an einer Überdosis Heroin, bevor ihm der Prozeß gemacht werden konnte. Unter den bildenden Künstlern waren es Willem de Kooning, Alice Neal, Jackson Pollock und Lee Krassner, die hier wohnten. In der Halle hängen an den Wänden Bilder, mit denen sie zum Teil die Hotelrechnungen bezahlten.

Im Juni 1968 wohnte hier Valerie Solanas, die Gründerin von SCUM, *Society for Cutting Up Men* (Gesellschaft für die Zerstückelung von Männern), die auf Andy Warhol schoß. Im Vorjahr hatte sie das SCUM-Manifest geschrieben, das heute ein feministischer Klassiker geworden ist (für Frauen kostet es einen Dollar, für Männer zwei). Solanas wollte sich an Warhol rächen, weil er ein Drehbuch von ihr nicht verfilmte und, wie sie schrieb, in seinen Filmen Frauen ausbeutete. Sie verbrachte drei Jahre im Gefängnis und wurde anschließend in eine psychiatrische Anstalt eingewiesen, wo sie 1988 starb. Bis zu diesem Anschlag hatte Warhol stets erklärt, er nehme das Leben nicht ernst. Das veränderte sich jedoch mit Solanas' Schüssen, und er lebte bis zu seinem Tod im Jahr 1987 sehr zurückgezogen.

Das Chelsea Hotel hat heute ungefähr 250 Zimmer, Einzelzimmer, aber auch Suiten mit bis zu fünfeinhalb Räumen. Mindestens fünfundsiebzig Prozent sind mit Dauergästen belegt. Das Hotel verfügt bei weitem nicht über den Komfort und Luxus, den neue und moderne Hotels bieten, dafür jedoch über ein besonderes Ambiente und eine Geschichte,

die es in New York und weltweit zu einer dauerhaften und einzigartigen Institution gemacht haben.

Schräg gegenüber in Nummer 235 der 23rd Street befindet sich seit Mitte der 70er Jahre die **Zentrale der Kommunistischen Partei Amerikas**. In der ersten Etage liegt der Unity Bookstore. Ihre Blütezeit hatte die Kommunistische Partei zwischen 1910 und 1920, als ihr mehr als eintausend städtische Beamte und die Bürgermeister von zweiundzwanzig Städten angehörten. Als Eugene Debs 1920 eine Gefängnisstrafe verbüßte, weil er sich öffentlich gegen den Ersten Weltkrieg ausgesprochen hatte, stimmten über neunhunderttausend Wähler für ihn als Präsidenten der Vereinigten Staaten.

Vom Hotel aus lohnt sich ein Gang bis ans Ende der Straße zu den **Chelsea Piers** (Piers 59-62) am Hudson River. Dort ist an den Ufern Manhattans ein Sport- und Vergnügungszentrum wahrlich amerikanischer Größenordnung mit viergeschossiger Golf Driving Range-Halle, Volleyballplätzen auf Beton und auf Sand, einer Eis- und einer Rollschuhbahn, einer Installation für free-style-climbing und vielem mehr entstanden. An Pier 59 sollte einstmals die Titanic anlegen.

Ganz in der Nähe der 23. Straße, besonders auf der 21st und der 22nd Street sowie entlang der 10th Avenue lädt eine neue Galerieszene mit Straßencafés und Restaurants zum Besuch ein. Der **Empire Diner** an der Ecke 10. Avenue und 22. Straße, der sich früher nur spätnachts mit Gästen füllte, ist heute schon zur Mittagszeit voll.

Wer diesen Abstecher vermeiden will, geht weiter über die 23rd Street, biegt links in die 8th Avenue ein und folgt ihr über mehrere Straßenblocks bis zur Nummer 175, dem **Joyce Theater** mit seiner Art Deco-Fassade. Das ehemalige Kino wurde 1982 in ein Theater umgebaut, in dem inzwischen sehr interessante Tanzaufführungen stattfinden. Es lohnt sich, das Programm anzusehen. Es lohnt sich auch für Architekturinteressierte, sich hier im Chelsea Historic District umzusehen. In den Straßen zwischen der 8. und der 10. Avenue und der 23. und 20. Straße sind unterschiedliche Baustile vertreten: neugotische Gebäude, Häuser im griechischen und italienischen Stil sowie Apartmenthäuser aus den 90er Jahren des 19. Jahrhunderts. Durch das gutbesuchte Theater hat die gesamte Gegend an Ansehen gewonnen, es finden sich hier auf der 8th Avenue einige Restaurants, die zu zivilen Preisen in schönem Ambiente gutes Essen bieten. Das **Intermezzo** und **Chelsea Foods** sind besonders zu empfehlen.

Wir gehen weiter über die 8th Avenue bis zur 16th Street. Im Block zwischen den Avenues und den Straßen liegt rechter Hand das **Port of New York Authority Commerce Building**, der Vorläufer des World Trade Center, mit Aufzügen, die groß genug für Lastwagen sind.

Umrunden wir das Gebäude und gehen auf die andere Seite zur 15th Street. In **Nummer 346** wohnte Allen Ginsberg ab Dezember 1951 für ein Jahr in mehreren möblierten Zimmern für $ 4.50 die Woche. Als Ginsberg hier lebte, war dies ein Stadtteil mit Fabriken und Kleinunternehmen. Seitdem hat sich viel verändert, und von seiner industriellen Geschichte sieht man nur noch wenig. In seinem Gedichtband *Empty Mirrors* schrieb Ginsberg ein Gedicht über die Gegend:

> Walking home at night
> reaching my own block
> I saw the Port Authority
> Building hovering over
> the old ghetto side
> of the street I tenement
> in company with obscure
> Bartlebys and Judes*,
> cadaverous men,
> shrouded men, soft white
> fleshed failures creeping
> in and out of rooms
> myself. Remembering
> my attic, I reached
> my hands to my head and hissed,
> »Oh, God how horrible!«**

Gleich nebenan in Nummer 322, wo sich heute die Tapasbar »El Cid« befindet, wohnte der Dichter Paul Blackburn. Auch er verewigte die Gegend in mehreren seiner Gedichte, eines davon mit dem Titel: »Hot Afternoons Have Been in West 15th Street« (Heiße Nachmittage gab es West 15th

---

* Bartleby aus Herman Melvilles Buch: *Bartleby der Schreiber.*
** Wenn ich nachts nach Hause ging / und meinen eigenen Block erreichte / sah ich das Port Authority / Building über / dem alten Ghetto schweben / in der Straße, wo ich mietete / zusammen mit merkwürdigen / Bartlebys und Judes, / leichenhaften Männern, / geheimnisvollen Männern, weiß fleischige / Versager, die / wie ich selbst / aus ihren Zimmern krochen und sich wieder dorthin verzogen. / Ich erinnerte mich an meine Mansarde / und hob meine Hand an den Kopf und zischte / »O Gott, wie schrecklich.«

Street). Blackburn war Lektor der *Black Mountain Review*, hatte aber selbst nie das Black Mountain College besucht. Er war einer der großen Organisatoren von Dichterlesungen in den verschiedenen Cafés des Village wie Les Deux Megots und Le Metro Café, nicht nur für die Mitglieder der Gruppe der Beats. Als das St. Mark's Poetry Project ins Leben gerufen wurde, beteiligte er sich auch dort bis zu seinem Tod im Jahr 1971 an der Organisation von Lesungen.

Wir gehen weiter bis zur Avenue und biegen rechts ein. An der **Ecke 15th Street und 8th Avenue** gab es einmal eine kleine Bar. In *Desolation Angels* beschreibt Jack Kerouac, wie Gregory Corso dort ein Wandbild malte. »Die Besitzer der Bar waren große italienische Gangster mit Kanonen. Sie standen herum, während Raphael [Corso] riesige Mönche an die Wand malte.« Laut Kerouac zerstörte Corso das Gemälde anschließend wieder, indem er weiße Farbe darüber goß. Dies bewies Kerouac, daß Corso keine Angst vor der Mafia hatte. Corso war der einzige Beat-Schriftsteller, der in Greenwich Village geboren wurde. »Jungen italienischen Eltern geboren, Vater 17, Mutter 16, geboren in Greenwich Village 190 Bleecker …« So beschreibt Corso sich selbst in der Kurzvita für *The New American Poetry*. Sein Geburtsort liegt gegenüber der San Remo Bar, wo sich die Beats trafen. Er hatte eine wilde Jugend, die ihn schließlich auch ins Gefängnis brachte. Dort fing er an, viel zu lesen und zu schreiben. Eines Abends begegnete ihm Ginsberg im Pony Stable, einer Lesben-Bar auf der 4. Straße. Es war der Anfang seiner Verbindung zu den Beats. Er selbst beschreibt das Treffen so: »Eines Abends 1950 in einer dunklen, leeren Bar, wo ich mit meinen Knastgedichten saß, wurde ich von einer Erscheinung mit tiefen Augen gesegnet: Allen Ginsberg.« Corsos Bücher erschienen bei City Lights in San Francisco und bei New Directions in New York.

Weiter auf 14th Street liegt in Nummer 229 die winzige Kirche **Our Lady of Guadalupe**. Als Kerouac mit Philip Lamantia und Howard Hart eine Reihe von Lesungen und Jazzveranstaltungen gab, kamen sie täglich hierher zur Messe, alle waren katholisch erzogen worden.

In Nummer 114 lagen die Büros der **Young Socialist League** mit ihren großen Glasfenstern. Hier wurde am 6. April 1958 der erste öffentliche Vortrag über Kerouac und seine Arbeit gegeben. Michael Harrington sprach über den »Kerouac-Wahnsinn« und attackierte vehement dessen Bücher und mit ihm die gesamte Beat-Bewegung.

Am 19. Oktober 1958 eröffnete in dem Gebäude, das vormals Hecht's Department Store war, in der Nummer 530 der 6th Avenue und an der Ecke zur 14. Straße das **Living Theatre**. Heute ist es nichts weiter als ein verfallenes gelbliches Eckgebäude, doch damals war es eins der avantgardistischsten Theater der Stadt. Unter der Leitung von Judith Malina und Julian Beck entstand auf anarchistischen Traditionen aufbauend das innovativste Theater New Yorks mit einer Theatertruppe, die Jahrzehnte existierte und überall in der Welt spielte. Im Januar 1959 eröffnete sie mit dem Stück *Many Loves* von William Carlos William. Es wurden Stücke von Jean Cocteau, Kenneth Koch, Frank O'Hara und Philip Whalen gespielt. Lesungen und Jazzveranstaltungen fanden statt, Charles Mingus spielte, und es lasen alle großen Namen der Beat-Generation. Im Oktober 1963, nur vier Jahre nach seiner Eröffnung, wurde das Theater von der amerikanischen Steuerbehörde IRS* wegen ausstehender Steuerzahlungen geschlossen. Malina und Beck gingen mit der Truppe ins Ausland, sie spielten lange Jahre mit großem Erfolg in Berlin, Paris, Rom und in verschiedenen Städten Südamerikas.

Wir gehen weiter über 14th Street bis zur Ecke Union Square und biegen links ein. Am oberen, nördlichen Ende des Platzes, dort, wo heute jeden Mittwoch, Freitag und Samstag ein Gemüsemarkt stattfindet, befand sich in Nummer 33 Union Square West **Warhols Factory**. Ursprünglich hatte sie 1963 auf der 47. Straße in Nummer 231 eröffnet. Im Februar 1968 zog Warhol an den Union Square und 1974 in seine letzte Adresse auf dem Broadway 860, nur einen Block entfernt auf die andere, rückwärtige Seite. Am Union Square 33 wurden mehrere seiner Filme gedreht, und hier entstanden viele seiner Seidensiebdrucke. Hier war es auch, wo Valerie Solanas versuchte, Warhol am 3. Juni 1968 zu erschießen.

Ein Paar Häuser weiter in der Nummer 41 befinden sich die Redaktionsräume der **Partisan Review**. Diese Wochenzeitschrift, die 1935 vom John Reed Club gegründet und 1937 von Philip Rahv und William Phillips übernommen wurde, ist zu einer der wichtigsten Magazine politischer Analyse in den Vereinigten Staaten geworden. T. S. Eliot, William Carlos William und Robert Lowell schrieben für sie. 1958 begann Hettie Jones für die *Partisan Review* zu arbeiten. Sie veröffentlichte die Texte der Beats, von Ginsberg, O'Hara, Koch oder Ferlinghetti in dem Magazin. Während der 90er Jahre hatte Ginsberg in diesem Gebäude ein Büro.

* IRS – Internal Revenue Service

Als Hettie bei *Partisan* anfing, wohnte sie mit ihrem Mann, dem Schriftsteller und Dichter LeRoi Jones, in der Nummer 402 auf der West 20th Street, wo beide ihr Magazin *Yugen* und den Verlag *Totem Press* unterhielten. In ihrer Wohnung verkehrten Hubert Selby, Frank O'Hara, Ginsberg, Kerouac und Joel Oppenheimer. LeRoi Jones war eine der schillerndsten Personen der Literatur-, Theater- und Jazzszene der damaligen Zeit. In Donald Allens Anthologie *The New American Poetry* kam er als einziger schwarzer Autor vor. Er wurde 1934 in Newark, New Jersey, geboren, studierte an der Howard University in Washington, D.C., und verbrachte einige Jahre in der amerikanischen Air Force. Als am 21. Februar 1965 Malcolm X erschossen wurde, zog Jones fast umgehend aus der damaligen gemeinsamen Adresse 27 Cooper Square aus, trennte sich von Hettie und zog um nach Harlem, wo er sich fortan Amiro Baraka nannte. In seinem Buch *The Autobiography of LeRoi Jones* beschreibt er diese Jahre eindringlich. Nach 1965 zog er sich von seinen ehemaligen Freunden zurück und wurde zu einem radikalen schwarzen Aktivisten in Harlem, wo er jedoch seine literarische Arbeit und sein Engagement weiterhin fortsetzte. In Nummer 146 auf der West 130th Street gründete er die heute nicht mehr bestehende *Black Art Repertory Theater School*. In dem Band *Transbluesency* sind seine gesammelten Gedichte von 1961 bis 1995 publiziert.

Wir gehen den Broadway weiter halblinks nach Norden. Dieser Abschnitt des Broadway bis zum Madison Square Park galt zu Beginn des vorigen Jahrhunderts als die sogenannte **Ladies Mile**, ein modischer Einkaufsdistrikt, der sich bis zur 6th Avenue erstreckte. Dort befanden sich damals die wichtigsten Warenhäuser und Modeboutiquen – wie man sie heute nennen würde.

Die Geschichte des Union Square ist eng verbunden mit der Gestalt der Emma Goldman. Die russische Immigrantin traf an ihrem ersten Tag in New York in einem Café in der Lower East Side den Anarchisten Alexander Berkman. Sie blieben lebenslang ein Paar. Berkman verletzte im Streik der *Homestead Steel*-Arbeiter den vom Besitzer des Stahlwerks Andrew Carnegie eingesetzten Betriebsleiter Henry Clay Frick. Anfang 1892 beschloß Henry Clay Frick, die Löhne der Arbeiter zu kürzen und ihre Gewerkschaft aufzulösen. Er ließ einen fast fünf Kilometer langen und drei Meter hohen, mit Stacheldraht versehenen Zaun errichten und so die gesamte Fabrik einzäunen. Gleichzeitig wurden Schießscharten eingerichtet. Als die Arbeiter die Lohnkürzungen nicht akzeptierten, entließ Frick die gesamte Belegschaft und beauftragte die Pinkerton Detektive Agency damit, Streikbrecher zu schützen. Obwohl nur 750 der 3800 Arbeiter gewerkschaftlich organisiert waren, versammelten sich dreitausend von ihnen im Opernhaus des Orts und beschlossen einstimmig einen Streik. Es kam zu einer Schießerei zwischen den Pinkertons und über zehntausend Streikenden und Sympathisanten, bei der mehrere Menschen getötet wurden. Der Staat schritt ein und entsandte Truppen, die Streikbrecher schützen sollten. Die Führer des Streiks wurden unter Mordanklage gestellt und 160 weitere Streikende verschiedener Delikte angeklagt. Der Streik dauerte vier Monate, und die Fabrik produzierte weiter mit Hilfe von Streikbrechern, die in geschlossenen Eisenbahnwaggons dorthin transportiert wurden. Viele von ihnen, die aus anderen Bundesstaaten stammten, wußten nicht, daß die Fabrik hier überhaupt bestreikt wurde. Schließlich kehrten die Arbeiter an ihre Arbeitsplätze zurück. Diese Niederlage verhinderte eine gewerkschaftliche Organisierung innerhalb der Belegschaft der Carnegie-Stahlwerke bis weit ins 20. Jahrhundert hinein, und die Arbeiter hatten Lohnkürzungen und verlängerte Arbeitszeiten hinzunehmen. In diesem Klima fuhr Berkman mit der festen Absicht nach Pittsburg, Frick zu erschießen. Der Anschlag verlief jedoch nicht tödlich.

Die Tat war der Sache nicht dienlich und brachte Berkman eine Gefängnisstrafe ein, während der er seine *Memoirs of a Prison Anarchist* schrieb.

Das Jahr 1893 brachte die größte Wirtschaftskrise in der damaligen amerikanischen Geschichte. Nach mehreren Dekaden unglaublichen Wirtschaftswachstums und finanzieller Manipulation, in denen Raubbarone wie Carnegie zu immensem Reichtum gelangen konnten, brach alles zusammen. 642 Banken gingen bankrott, und sechzehntausend Unternehmen schlossen, drei Millionen Menschen verloren ihre Arbeit. Am Union Square sprach Emma Goldman vor einer gewaltigen Menschenmenge von Arbeitslosen. Sie forderte die Menge auf, mit ihren Kindern in die Warenhäuser zu gehen und sich dort Essen zu holen, wenn sie hungrig wären. Sie wurde verhaftet und zu zwei Jahren Gefängnis verurteilt.

Emma Goldman war eine politische Aktivistin, die für Geburtenkontrolle und Familienplanung plädierte und sich gegen den Eintritt Amerikas in den Ersten Weltkrieg engagierte. 1919 besuchte sie Rußland, doch ihr Verständnis von Anarchismus widersetzte sich dem bolschewistischen System. 1925 veröffentlichte sie *My Disillusionment in Russia*. Ihre Autobiographie *Living My Life* erschien 1931.

Ironischerweise erinnert man sich in New York jedoch weder an Berkman noch an Goldman, sondern an Frick, dessen Haus auf der 5th Avenue an der Ecke zur 70. Straße heute die Frick Collection beherbergt. Neben vielen anderen hängen dort Werke von Piero della Francesca, Brueghel und Vermeer. Man denkt an Kunst, wenn man Frick hört und nicht an das Blutvergießen während des Homestead-Streiks.

An der Ecke Broadway und 17th Street, also gleich am Ende des Parks, muß sich irgendwo **Emma Goldmans Massagesalon** befunden haben, den sie 1905 eröffnet hatte. Es ist schwer, die genaue Adresse herauszufinden, denn sie beschreibt den Ort nur als luftig und lichtdurchflutet. Sie haben einen Blick auf den East River gehabt, schrieb sie. Da heute hier so viele Hochhäuser entstanden sind, läßt sich ein solcher Ort kaum mehr vorstellen, und Büros mit Blick auf den Fluß sind selten geworden. Goldman begann viele verschiedene Unternehmen: In New Haven, Connecticut, begründete sie eine Näh-Kooperative, die schließlich scheiterte, in Worcester, Massachusetts, eröffnete sie mit Berkman ein Fotostudio, das sich ebenfalls nicht hielt. Erfolg hatte sie mit einer Eisdiele in Massachusetts, die sie allerdings schloß, weil sie mit den Vorbereitungen für den Homestead-Streik beschäftigt war. Später arbeitete sie als Krankenschwester, und 1905 eröffnete sie mit großem Erfolg jenen Massagesalon. Als der Vermieter erfuhr, daß er der berühmten »Red Emma« seine Räume vermietet hatte, verlängerte er den Mietvertrag nicht. Sie schloß ihr Unternehmen und gründetet das monatlich erscheinende Magazin *Mother Earth*, in dem zum ersten Mal in Amerika Texte von August Strindberg und Henrik Ibsen erschienen.

Wir gehen den Broadway weiter entlang bis zur südlichen Ecke des Madison Square Park. An der Ecke Broadway/ Fifth Avenue in der Nummer 175 liegt das berühmte, 1902 von dem Chicagoer Architekten Daniel Burnham erbaute **Flatiron Building.** Sein ursprünglicher Name war Fuller Building, doch wegen seiner Form tauften die New Yorker es schnell in »das Bügeleisen« um. Weil es so schmal war, bekam es den Zusatz »flat«. Es handelt sich bei dem Flatiron Building nicht – wie so oft behauptet – um den ersten Wolkenkratzer der Welt. Andererseits ist das Flatiron ein perfektes Beispiel für den Bau von Gebäuden mit Hilfe eines Stahlrahmens (s. auch Gang durch SoHo). Auf das Bestreben von Bodenspekulanten, einen Bezirk zu beleben, um ihn mit gesteigerten Gewinnen zu verkaufen, hat die Gegend südlich des Flatiron Building – **S**outh of the **F**latiron Building – den griffigen Namen SoFi bekommen. Inzwischen haben sich dort eine Reihe von Verlagen angesiedelt. Cafés, Bars und Restaurants folgten, und in den Straßen herrscht reges Leben.

Am Madison Square im Norden des Flatiron lag der erste **Madison Square Garden.** 1925 zog er zur 8th Avenue und 50th Street um und 1966 an seinen heutigen Standort neben der Penn Station. Am 2. Mai 1853 eröffnete am Madison Square das Hippodrome, die erste Arena Manhattans. Damen in Togen fuhren am Tag der Premiere mit römischen Triumphwagen durch den Sand der Arena, Strauße, Elefanten, Kamele und eine Gruppe Affen begleiteten die Veranstaltung. Das Hippodrome schloß seine Türen zwei Jahre später, und die Arena öffnete als Madison Square Garden 1879 ihre Türen. Sie wurde auf den Resten des Güterbahnhofs von Commodore Cornelius Vanderbilts New York und Harlem Railroad errichtet. P. T. Barnum zahlte $ 35 000 Dollar, um den Güterbahnhof umzubauen, acht

Empire State Building

Meter hohe Mauern zu errichten und ein Zeltdach darüber zu spannen. Der zweite Madison Square Garden wurde 1890 zu einem Preis von drei Millionen Dollar nach einem Entwurf des berühmten Architekten Stanford White fertiggestellt. In New York war White nicht nur wegen seiner wunderschönen Bauten berühmt, er galt auch als ungewöhnlich aktiver Frauenheld. Im Jahr 1906 wurde er auf dem Dach seiner Schöpfung von einem eifersüchtigen Ehemann, dem Pittsburgher Geschäftsmann Harry K. Thaw, umgebracht.

Der zweite »Garden« verfügte über ein riesiges Restaurant, eine Konzerthalle und ein Auditorium, das achttausend Personen Platz bot. 1913 ging das Unternehmen pleite. Die New York Life Insurance Company, der das Gebäude gehörte, ließ es abreißen und errichtete in der Nummer 51 der Madison Avenue ihre Zentrale mit den vergoldeten Türmen, die man noch heute sehen kann.

Wir gehen weiter nach Norden über die 5th Avenue. Links liegt in dem Dreieck zwischen Broadway, 6th Avenue und 23rd Street mit seinem Zentrum an der 27. Straße der **Flower District.**

Schon seit einiger Zeit sehen wir vor uns das gigantische **Empire State Building,** das bis 1973 höchste Haus der Welt und seit dem tragischen 11. September 2001 wieder das höchste Gebäude der Stadt. Vorab einige Daten: Es erreicht eine Höhe von 380 Metern, mit dem neu errichteten Fernsehmast auf dem Dach sogar von 449 Metern. In 102 Stockwerken wurden 60 000 Tonnen Stahl verbaut. Das Gewicht des gesamten Gebäudes beträgt 365 000 Tonnen. Es verfügt über dreiundsiebzig Aufzugschächte mit einer Länge von insgesamt 11,2 Kilometern beziehungsweise über 1860

Treppenstufen. Etwa 500mal pro Jahr schlägt der Blitz ein, vierzehn Menschen verloren ihr Leben beim Bau. 25 000 Menschen arbeiten hier, und etwa 40 000 besuchen das Gebäude jeden Tag. Es wurde in nur neunzehn Monaten errichtet, dafür arbeitete man rund um die Uhr. Dort, wo das Empire State Building, das E. S. B., heute steht, stand bis 1929 das berühmte Waldorf-Astoria-Hotel, das luxuriöseste Hotel Manhattans. Das Hotel zog um zur Ecke 49th Street und Park Avenue.

1929 war ein boomendes Jahr, bis im Oktober die Weltwirtschaftskrise einsetzte und alles zusammenbrach. John Jacob Raskob, Vizepräsident von General Motors, tat sich mit dem geschlagenen Kandidaten der Demokratischen Partei Alfred E. Smith zusammen, um den größten Wolkenkratzer der Welt zu bauen. Sie beauftragten das Architekturbüro Shreve, Lamb & Harmon mit dem Bau. Der sechzehnte Entwurf gefiel schließlich, er zeigte einen einfachen und eleganten, auf einer Basis von fünf Stockwerken errichteten Turm aus grauem Indiana-Sandstein mit Bändern aus Aluminium und Nickel, dezenten Art Deco-Verzierungen und einer sich stufenförmig verjüngenden Spitze. Zwei Wochen nach Beginn der Bauarbeiten brach die Weltwirtschaftskrise aus und beendete für ein halbes Jahrhundert den Wettlauf um den höchsten Wolkenkratzer. Da das E. S. B. auf dem Höhepunkt der Krise eröffnete, blieben viele Büros zunächst unvermietet, und das Gebäude erhielt den Spitznamen »Empty State Building«. Was das E. S. B. jedoch vor dem sicheren Bankrott rettete, waren die Aussichtsplattformen auf seiner Spitze: Millionen von Besuchern zahlten Eintritt, um die Welt aus dieser »unmöglichen« Höhe zu betrachten. Das E. S. B. zog jedoch nicht nur Schaulustige an, die New York aus der Vogelperspektive betrachten wollten, schon achtzehn Monate nach seiner Eröffnung sprang der erste Mensch von oben in den Tod. Nachdem 1947 schon fünf Personen dort Selbstmord begehen wollten, wurde ein Zaun errichtet.

Die entsetzlichste Katastrophe jedoch ereignete sich 1945. Sie erinnert an die Septemberereignisse des Jahres 2001 im World Trade Center, dem Doppelgebäude, das dem E. S. B. in Manhattan den Rang ablief. Ein B-25-Bomber unter dem Kommando von Oberstleutnant William Smith flog in den 79. Stock des Gebäudes. Am Morgen des 28. Juli war die Sicht schlecht auf diesem Flug von Boston nach Newark. Smith konnte sein Flugzeug nicht schnell genug hochreißen und schoß ins 79. Stockwerk. Ein Motor schnitt glatt durch das Gebäude und kam auf der anderen Seite wieder heraus. Brennender Treibstoff floß an den Außenmauern herunter. Es gab vierzehn Tote und sechsundzwanzig Verletzte. Die Anzahl der Toten blieb so relativ niedrig, weil das Unglück an einem Samstag morgen geschah, an dem das Gebäude fast leer war. Eine Sekretärin stürzte mit dem Aufzug im freien Fall sechsundsiebzig Stockwerke nach unten und überlebte dank der Notbremsen. Das E. S. B. hielt dem Zusammenstoß stand und wahrte fünfundvierzig Jahre lang seinen Titel als höchstes Gebäude der Welt. Im März des Jahres 2002 wurde es von seinen japanischen Besitzern für 65 Millionen Dollar an eine amerikanische Investmentgruppe verkauft.

Die Aussichtsplattform des E. S. B. bleibt bis Mitternacht geöffnet, und man genießt von hier oben einen wunderschönen Blick auf das nächtlich erleuchtete Manhattan.

Jan Morris schrieb über das achte Weltwunder: »Es war die Krone die Stadt. Es war das Gebäude, auf dem King Kong gestanden hatte. Viele Legenden kursierten darüber – wie Henry Ford, der, als er von den riesigen Ausschachtungen erfuhr, deren es zum Bau bedurfte, glaubte, das könne eine verheerende Wirkung auf die Drehung der Erde haben – wie, als ein B-25-Bomber in sein achtzigstes Stockwerk flog, die Sekretärin Betty Lou Oliver in einem Aufzug sechsundsiebzig Stock nach unten fiel – wie ein Sandwichverkäufer einunddreißig Stock hoch stieg, um die Geschäftsleute während eines Aufzugstreiks zu versorgen – wie das Gebäude ein paar Meter in alle Richtungen schaukelte, wenn starke Winde bliesen. Jeder ist aufs Empire State Building gestiegen, jeder Filmstar, der die Stadt besuchte, jedermanns Tante, jeder Soldat an seinem freien Tag, jedes Kind auf einem Schulausflug ... In all seiner Schönheit, seiner Vornehmheit und seiner Höhe von 380 Metern gab es nichts mit dem Empire State Building Vergleichbares. Selbst Engländer, die in letzter Zeit eher zu einer Haltung von allgemeiner Geringschätzung neigen, sahen sich zur Bewunderung genötigt. ›Vermittelt ein ganz schönes Gefühl von Höhe, oder nicht?‹ sagte einer von ihnen, als man ihn um seine Reaktion bat.«

Hoch oben auf dem Dach des Empire State Building beenden wir unseren heutigen Gang mit Wolfgang Koeppens fast prophetischen Beobachtungen: »Ist dies Babylon? Dann ist der Anblick von Babylon für den Menschen zu gewaltig. Das Ungeheure schrumpft zusammen. Selbst dieses Schiff aus Stein mag untergehen. Das Auge tröstet sich an den Grünflächen. Wie kleine Gebetsteppiche liegen sie hier und dort gebreitet – aus dieser Höhe gesehen, seltsam licht und zart. Spielzeug die Docks und die Ozeandampfer. Spielzeug die Düsenflugzeuge. Spielzeug selbst noch das Meer. Der Verkehr in den Straßen ähnelt der effektvoll leuchtenden Blutbahn im Schaubild eines Menschen auf einer Hygieneausstellung.«

The Lower East Side

Mammon, m: Der Gott der führenden Weltreligion. Sein Haupttempel ist die heilige Stadt New York.

Ambrose Bierce, Aus dem Wörterbuch des Teufels

»Jeder Mensch sollte ein Stück Lower East Side in seinem Leben haben«, sagte Irving Berlin, der berühmte Komponist von *White Christmas* und *God Bless America*, der Ende des 19. Jahrhunderts als Einwanderer aus Rußland nach New York kam und seinen Lebensunterhalt anfänglich als Straßensänger in der Lower East Side verdiente. Er verlieh damit dieser ehemals düsteren Gegend einen heiteren Anstrich, der den meisten Menschen hier oft lebenslang fehlte ... und er lebte eine amerikanische Legende: vom Straßensänger zum Broadwaystar, vom Bänkelsänger zum Millionär. Mit seinen Musicals *Annie get your gun* und *Call me Madam* hatte er weltweiten und andauernden Erfolg.

Nach Meinung des eher nüchternen, aus Dänemark eingewanderten Reporters Jacob Riis jedoch lebten die Menschen hier meist unter grauenvollen Bedingungen, in Höhlen und ohne Sonnenschein. Seuchen und Krankheiten grassierten und töteten Tausende, man behielt, so nannte es Riis einmal, in den Slums dieser Gegenden den Bodensatz menschlicher Existenz in Quarantäne, um ihn von der respektablen Gesellschaft zu trennen. In dem 1974 erschienenen Buch *Jacob A. Riis: Photographer and Citizen (Fotograf und Bürger)* werden die Fotos zusammen mit den Texten des bereits 1914 Verstorbenen präsentiert.

Die Lower East Side liegt östlich der Bowery, südlich der Houston Street und wird im Osten vom East River begrenzt. Diese Gegend ist weltweit wohl eine der größten Ansammlungen verschiedener ethnischer Gruppen und Nationalitäten, obwohl sie sich über nur fünfundzwanzig Straßen erstreckt. Man hat Manhattan (und den Rest der USA) oft als den Ort bezeichnet, an dem die Verfolgten der Welt frei atmen können. Es muß in der Lower East Side gewesen sein, wo sie zuerst aufeinandertrafen und fast eines Erstickungstodes starben. Zwischen 1880 und 1919 landeten hier siebzehn Millionen Einwanderer. Zwei Millionen waren Juden, größtenteils aus Rußland, die vor den Pogromen dort geflohen waren.

Heute stellen Latinos und Chinesen dreiviertel der Bevölkerung der *Loisada*, wie die Lower East Side von ihnen genannt wird. Das restliche Viertel setzt sich hauptsächlich aus Afroamerikanern und Juden zusammen.

Wir unternehmen drei Spaziergänge durch die Lower East Side. Sie haben Berührungspunkte und lassen sich nach Belieben zu einem längeren Gang verbinden. Wir spazieren durch Little Italy, Chinatown und das jüdische Viertel.

Little Italy

Little Italy konzentriert sich heute auf den Bereich zwischen Mott Street und Mulberry Street nördlich der Canal Street. Wenig weiter trifft man auf die ersten chinesischen Zeichen und weiß, man hat den italienischen Bezirk verlassen. Selbst das Stadtteilfest des Patrons von Neapel *La Festa di San Gennaro*, das an zehn Tagen um den 19. September gefeiert wird, hat sein hauptsächlich italienisches Gesicht zum Teil verloren. An den Straßenständen werden neben den typischen Würsten und Paprikas heute vielfach auch Frühlingsrollen und Tacos verkauft. Jacob Riis beschrieb im ausgehenden 19. Jahrhundert in seinen Reportagen für die *New York Herald Tribune* die erbärmlichen Lebensumstände in den Slums, besonders im sogenannten *Mulberry Bend*, dem »schlimmsten Schweinestall von allen«, auf dem Stück zwischen Bayard und Park auf der Mulberry Street. Die Geschichten über die Mafia und deren Untaten in diesem Teil der Stadt sind unzählig und wahrscheinlich alle wahr, ebenso wie die Berichte über Banden, die sich an den Ärmsten der Armen bereicherten. Besonders wird in den Berichten über die Aktivitäten der Mafia immer wieder die Nähe von Little Italy zum Rathaus von New York und seinen jeweiligen Herren herausgestellt, das sich nur ein paar Straßenzüge weiter südlich befindet.

Chinatown hat sich so viel von Little Italy einverleibt, daß die Führer der *Little Italy Restoration Association (LIRA)* sich genötigt sahen, mit den Chinesen ein Übereinkommen zu treffen, wenigstens die Mulberry Street als »rein italienische« Straße überleben zu lassen. Will der Besucher heute das Leben einer italienischen Gemeinde in New York erleben, sollte er Carol Gardens in Brooklyn oder die Arthur

Avenue in der Bronx besuchen. Ein Stadtführer durch New York geht so weit zu empfehlen, sich für das wirkliche italienische Straßenleben in New York den Film *Mean Streets* von Martin Scorsese anzusehen, der Anfang der 70er Jahre in Little Italy gedreht wurde. Er sei realistischer als das noch vorhandene Italien in den USA.

Wir beginnen unseren Gang ein wenig nördlich von Little Italy auf der Bowery 222, etwas unterhalb der Prince Street. Zwischen 1975 und 1981 lebte hier William Burroughs in einem fensterlosen Apartment, das den Spitznamen »Der Bunker« trug. Einstmals ein Umkleideraum des YMCA, diente es Burroughs perfekt in seiner Dunkel- und Abgeschlossenheit. Burroughs lebte so zurückgezogen, daß er von den anderen Beats »El hombre Invisible«, »der unsichtbare Mann«, genannt wurde. Die *Subterraneans*, die Unterirdischen, wie Kerouac die Mitglieder der Beat-Generation nannte, besuchten den »Unsichtbaren« hier im Bunker. Unter ihnen waren auch andere Gäste wie Andy Warhol oder Mick Jagger. (Victor Bockris hat diese Jahre in seinem Buch *With William Burroughs: A Report from the Bunker* aufgezeichnet.)

Burroughs kam in den dreißiger Jahren nach New York, nachdem er sein Studium in Harvard abgeschlossen hatte. Von seinen Eltern finanziell unterstützt, lebte er zunächst in Chicago und arbeitete in verschiedenen Stellen und Positionen. In New York lernte er Ginsberg und Kerouac kennen und wurde schnell zu einer der zentralen Figuren der Gruppe der Beats. Ab 1944 begann Burroughs Heroin zu nehmen. Die Umstände, wie er an die Droge kam, und seine Erlebnisse damit beschreibt er in dem Buch *Junkie*, das 1953 erschien. Burroughs wird oft als der große Verführer darge-

stellt. Er stammte aus nahezu großbürgerlichen Verhältnissen, war älter als Ginsberg, Kerouac oder Carr und fungierte in vieler Hinsicht für sie als Mentor. Seine intellektuellen Interessen waren weit gestreut, darüber hinaus aber hatte er ein morbides Vergnügen an dem, was er »kriminelle Abenteuer« nannte. Er war vernarrt in Waffen, war homosexuell und gleichzeitig angezogen von Joan Vollmer, die er heiratete, als sie schwanger wurde. Sie verließen New York und zogen im Land umher; in Texas betrieben sie eine Marihuana-Farm, zogen dann nach Mexico City, weil man dort einfacher und billiger an Drogen kommen konnte. Dort erschoß Burroughs Vollmer aus Versehen in einem Wilhelm Tell-Spiel. Er verbrachte jedoch nur dreizehn Tage im Gefängnis und wurde mit Hilfe eines cleveren Anwalts und nach Hinterlegung einer Kaution aus der Haft entlassen. Anschließend reiste er in den Dschungel Südamerikas, um Erfahrungen mit halluzinogenen Drogen zu sammeln. Nach einem kurzen Aufenthalt dort zog er schließlich nach Tanger in Marokko. Seine Drogenabhängigkeit nahm zu. In Tanger schrieb er jene Seiten, die von Jack Kerouac zu dem Roman *The Naked Lunch* zusammengestellt wurden. *The Naked Lunch* erschien 1957 in Paris, weil die Zensur in den Vereinigten Staaten das Buch nicht zuließ. Zurück in New York, gab Burroughs mit steigendem Ruhm nun des öfteren Lesungen, schrieb konventionellere Romane wie das 1981 erschienene *Cities of the Red Night* und ließ sich für Modemagazine ablichten. 1997 starben die letzten der Beat Generation: zuerst Herbert Huncke, dann Allen Ginsberg und schließlich im August William Burroughs, der »Bill Lee« aus Kerouacs *Unterwegs*. Die *New York Times* nannte ihn in einem Nachruf den »Beat-Schriftsteller, der sein rohes Alptraumleben destillierte«. In seinem Tagebuch, aus dem *The*

New Yorker unter dem Titel *Letzte Worte* nach seinem Tod Auszüge veröffentlichte, schreibt er über die letzten Tage mit seinem Freund Allen Ginsberg vor dessen Tod: »Allen machte nicht nur mit seiner Gegenwart, seiner selbstverständlichen spirituellen Wahrheit Löcher in die Große Lüge. Letzte Worte: ›Zwei bis fünf Monate haben die Ärzte gesagt‹, sagte Allen, ›aber ich glaube, es ist viel weniger.‹ Dann sagte er mir: ›Ich dachte, ich wäre entsetzt, aber ich bin *amüsiert*!‹ Seine letzten Worte an mich.«

William Burroughs' eigene letzte Worte in seinem Tagebuch lauteten: »Liebe? Was ist das? Der natürlichste Schmerztöter. Was es gibt. LIEBE.«

Nur wenige der Beats hatten Kinder. Die Vorstellung von Kindern war schwer in ihrer Welt unterzubringen. Kerouac hatte eine Tochter, Jan. Er sah sie in ihrem Leben zweimal. Ihre Mutter war seine zweite Frau Joan Haverty. Kerouac verließ sie, als sie schwanger wurde. Er behauptete, nicht der Vater zu sein, und erwirkte sogar einen gerichtlichen Bluttest. Als das Ergebnis positiv war, erkannte er seine Tochter an, Jan schlug wie ihr Vater die schriftstellerische Laufbahn ein. 1981 veröffentlichte sie den Roman *Baby Driver*, der sich mit ihren Erlebnissen in der Lower East Side während der Hippie-Zeit in den 60er Jahren auseinandersetzt. Sie starb an Nierenversagen. William Burroughs hatte einen Sohn, Billy, der wie sein Vater Schriftsteller und drogensüchtig war. Er war Autor zweier Romane und starb Anfang Dreißig unter tragischen Umständen. Caleb Carr, einer der beiden Söhne von Lucien Carr, schrieb ebenfalls. Mit seinem Roman *Die Einkreisung* (s. auch Gang durch Chelsea) hatte er großen Erfolg.

Von der Bowery biegen wir rechts in die Spring Street und gehen weiter bis zur Mulberry Street. An der Ecke stoßen wir auf die **D & G Bakery,** eine der letzten Bäckereien der USA, in denen noch im Kohleofen gebacken wird. Ihr Prosciutto-Brot mit Schinken ist nicht nur eine unbedingt empfehlenswerte Delikatesse, sondern auch eine vollständige Mahlzeit.

Wir gehen die Mulberry Street hinunter bis zur Broome Street, wo das eigentliche Little Italy mit seinen Restaurants, Cafés, Souvenirläden und Delikatessengeschäften beginnt. Die Ecke Grant Street und Mulberry Street vermittelt einen guten Eindruck vom Viertel. Nach Norden hin ist auf der rechten Seite eine Reihe breiter, alter Häuser aus dem Anfang des 19. Jahrhunderts zu sehen, die vor dem Eintreffen der großen Einwandererflut in New York errichtet wurden. Blicken wir nach Süden, sehen wir die charakteristische Architektur von Little Italy: Wohnhäuser mit dem Zickzack der Feuerleitern an den Fassaden und über dem Bürgersteig. Die meisten dieser Gebäude sind typische New Yorker Häuser, die sogenannten *Railroad Flats, Eisenbahnwohnungen.* Sie alle wurden sechsgeschossig auf einer Fläche von sieben-einhalb mal siebenundzwanzig Metern errichtet. Die Anordnung der Zimmer in gerader Linie wie Eisenbahnwaggons gab diesen Wohnungen ihren Namen. Bis 1901 war dieser Stil typisch für die von Einwanderern dicht besiedelten Gebiete Manhattans.

In Nummer 195 der Grant Street befindet sich **Ferrara's**, ein über hundert Jahre alter Gebäckladen, der seine Spezialitäten in die ganze Welt verschickt.

Einige Häuser weiter an der Westgrenze von Little Italy befindet sich in Nummer 240 der Grant Street das barocke alte **NYC Police Building,** das 1909 gebaut und 1988 in exklusives Wohneigentum umgewandelt wurde. Hier besitzen z. B. Cindy Crawford, Winona Ryder und Steffi Graf Wohnungen.

In Nummer 129 auf der Mulberry Street hatte **Umberto's Clam House** seinen Sitz. Das Restaurant wurde dadurch bekannt, daß hier der Mafiaboss Joey Gallo am 2. April 1972 von Killern rivalisierender Familien beim Essen erschossen wurde. *Crazy Joey Gallo*, wie er in seinen Kreisen genannt wurde, zitierte gern Sartre und erging sich ausschweifend über Gemälde. In seinem *Social Club* in Brooklyn hielt er im Keller einen angeketteten Löwen. Angesichts der Raubkatze ließen sich die Menschen gern auf all seine Angebote ein. Fünfundzwanzig Jahre nach dem Anschlag schloß Umberto's 1997 seine Tore und eröffnete um die Ecke auf der Broome Street neu.

Wir verlassen Umberto's und gehen über die Hester Street bis zur Baxter Street. Dort steht die **San Gennaro Kirche**, an der jeden September Little Italys Stadtteilfest seinen Ausgang nimmt. Bereits im Juni wird im Viertel das Fest des St. Antonio von Padua gefeiert. Seine Kirche befindet sich an der Ecke Houston Street und Sullivan Street in SoHo. Während der Feste sind die Straßen für den Verkehr gesperrt, und die Bürgersteige werden von Buden und Souvenirständen gesäumt.

Unser Spaziergang durch Little Italy endet an der Ecke Canal Street und Centre Street. Hier schließt sich der Gang durch Chinatown an.

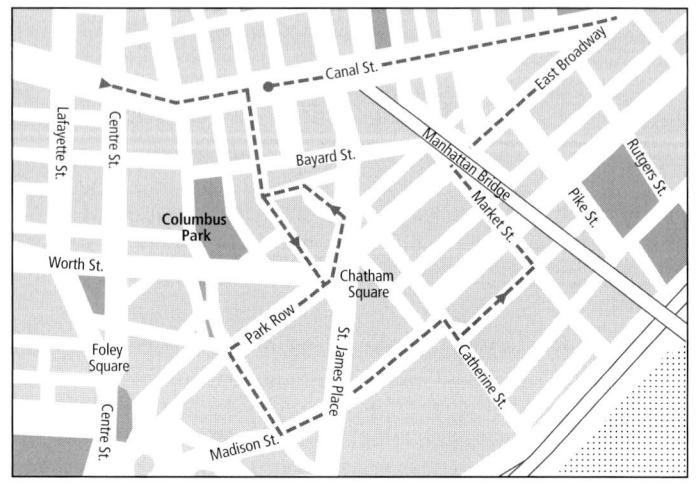

Chinatown

Chinatown ist die wohl am schnellsten wachsende Gemeinde New Yorks. Sie hat sich nahezu alle jüdischen Viertel einverleibt und drängt sich unaufhörlich weiter in Little Italy hinein, das in seiner Entwicklung relativ statisch geblieben und eher zu einem kleinen Museum geworden ist. Die meisten italienischen Einwanderer haben das Viertel längst hinter sich gelassen und leben heute auf Long Island oder in New Jersey. Solange Chinatown noch bestimmte Grenzen einhielt, und Little Italy eine fest installierte Größe war, lagen dort die größten Slums der Lower East Side und damit der gesamten Stadt. Slums, in denen Generationen jüdischer, italienischer, irischer, russischer, polnischer, deutscher und puertoricanischer Einwanderer unter oft menschenunwürdigen Bedingungen lebten.

Chinatown ist heute Manhattans lebendigste ethnische Enklave. Hier leben über 150 000 Immigranten und bilden die größte chinesische Stadt in der westlichen Hemisphäre. Besonders nachdem Hongkong Teil der Volksrepublik China wurde, stellten sich hier Bedingungen wie im 19. Jahrhundert wieder ein. Viele der Apartments werden mehrfach untervermietet, so daß oft bis zu zwanzig Menschen in einem Zimmer hausen. Die Wohnungen und Geschäfte werden von Generation zu Generation weitergegeben, und Neuankömmlinge finden nur sehr schwer eine Behausung. Die Summen, die unter der Hand für die Übernahme eines Geschäfts gezahlt werden, sind sechsstellig. Die Einwohner dieser hermetisch abgeschlossenen Gesellschaft stammen aus allen Teilen der asiatischen Welt: aus der Volksrepublik China, Taiwan, Vietnam, Burma, Singapur, aber auch aus

Südamerika. Viele von ihnen verbringen ihr gesamtes Leben in Chinatown und sprechen nie auch nur ein einziges Wort Englisch. Die »ang moh kui«, die rotköpfigen Teufel, wie die Kaukasier hier genannt werden, kommen vornehmlich nach Chinatown, um zu speisen und die lebendige Atmosphäre zu genießen, wohnen jedoch in anderen Teilen der Stadt. Die Chinesen dagegen leben in Chinatown, um zu arbeiten. Hier stehen über sechshundert Textilmanufakturen, in denen Menschen oft unter Bedingungen wie in den alten Sweatshops arbeiten, die für die Lower East Side im 19. Jahrhundert so typisch waren. Sweatshops zur Produktion von Marken wie Nike, Disney, Adidas, Ralph Lauren, Calvin Klein oder Donna Karen wurden erfolgreich in die Dritte Welt oder eben nach Chinatown verlegt. Es gibt dreihundertfünfzig Restaurants und unzählige Massagesalons, in denen junge asiatische Frauen tätig sind. Chinatown verfügt über siebenundzwanzig Banken, dies ist im Vergleich der größte Pro-Kopf-Anteil der gesamten Stadt. Gearbeitet wird mindestens sechs Tage, auf jeden Fall aber sechzig bis achtzig Stunden pro Woche. Ein großer Teil des eingenommenen Geldes verläßt das Land wieder, denn über achtzig Prozent der Bevölkerung ist im Ausland geboren und unterstützt die Familien in der alten Heimat.

Enge Gäßchen
quer und quer
senfgewürzt
Lotrechte Namen
über Buddhas und Tand

Im Keller
das Halbdunkel duftet nach

Lampions und Limonen
über Papierbrücken
Musik der Stäbchen
mit Porzellan
wo rosa der Hummer ruht zwischen
Stengeln und Saft

Pfauen öffnen blaue Fächer
auf Seidenärmel
Die kleine Frau im Kimono
beschwört den Teegeist
in der Kanne

6000 Jahre
in schwarze Augen geschlitzt
der Erbe verbergend

Um das verschwiegene Viertel
sieh die Chinesische Mauer
himmelhoch gezogen von
dünnen Pinseln und
Konfuziuslehren

Mit diesem Gedicht von Rose Ausländer zu Chinatown beginnen wir unseren Gang an der Ecke Canal Street und Centre Street, wo sich das farbenprächtige Gebäude der ehemaligen **Golden Pacific National Bank** befindet. Es entstand 1983 und zeigt mit seinem roten Pagodendach, mit seinen Drachen und Phönixmotiven an der Fassade schon von weitem, daß man sich in Chinatown befindet. Bereits zwei Jahre nach ihrer Gründung wurde die Bank allerdings wieder geschlossen, und die Kunden, in der Überzahl Chinesen, verloren ihre nicht versicherten Guthaben. Heute beherbergt das Gebäude die *Jewlery Exchange*, eine gutgehende Juwelenbörse der Stadt.

Obwohl sich seit 1840 Chinesen in New York niederließen, begann der eigentliche Zulauf in den 1880er Jahren. Mitte des 19. Jahrhunderts landeten unzählige chinesische Einwanderer zunächst in Kalifornien, wo sie, angelockt vom Goldrausch, hofften, in den Minen und beim Bau der Eisenbahn reich zu werden, um in ihr Heimatland zurückkehren zu können. In einer Sammlung anonymer Gedichte aus jener Zeit werden dieser Wunsch und die allgemeinen Lebensbedingungen beschrieben.

Rhapsodie auf Gold

Während eines Aufenthalts in San Francisco
Segnen mich mit Kommen des Frühlings Glück und
   Reichtum.
Die Koffer voll mit Gelben Adlern* ist es an der Zeit
Heimzukehren;
Soeben werden meine Schiffspassage und mein Visum
Vorbereitet.
Oh, wie wirklich wunderbar –
Ich verabschiede mich von allen guten Freunden.
Ich kehre heim mit Börsen und Taschen
Übervoll.
Schon bald sehe ich die Stirn meiner Eltern vor Freude
Erstrahlen.

---

* *Yellow Eagles, Goldene Adler*, wurden die US-amerikanischen Goldmünzen von Chinesen in Amerika genannt.

Um 1870 wurden die Chinesen Ziel des massiven und gewalttätigen Rassismus im Westen. Der Goldrausch hatte sich nicht als so gewinnbringend wie erwartet erwiesen, und kaum jemand außer seinen Organisatoren und Raubbaronen konnte sich aus dem goldenen Topf bedienen. In der Folge verstärkten sich die Ressentiments zum Beispiel gegen Chinesen. Im Jahre 1882 fanden sie in dem vom Kongreß der Vereinigten Staaten verabschiedeten *Chinese Exclusion Act* (*Gesetz zum Ausschluß von Chinesen*) ihren Höhepunkt. Es schloß Chinesen vom Anrecht auf die amerikanische Staatsbürgerschaft und von den meisten Berufen aus und begrenzte die Einwanderung. Zusätzlich verbot das Gesetz den Nachzug noch im Ausland lebender Ehefrauen. Etliche Chinesen kehrten infolgedessen in ihr Heimatland zurück, doch eine große Zahl blieb und zog – im Gegensatz zum markigen Spruch »Go West« – nach Osten. In der Gegend um die Pell Street, Mott Street und Doyer Street stieg die Zahl chinesischer Anwohner in kurzer Zeit auf zwölftausend an. Chinatown wurde ein in sich geschlossenes Ghetto, das sich erst öffnete, als die amerikanische Gesellschaft nach dem Zweiten Weltkrieg begann Brücken hierher zu schlagen.

Von Nummer 100 in der Centre Street aus ist das **Criminal Court Building** zu sehen, ein Art Deco-Gebäude des Architekten Harvey Wiley Corbett, der auch das Rockefeller-Center entwarf. Das Gebäude ist aus den Fernsehserien *Law and Order* und *NYPD Blue* bekannt. Im Volksmund heißt es nach einem nahe gelegenen, seit langem aufgegebenen Gefängnis *The Tombs (Die Gräber)*. An seiner Stelle steht heute das Gefängnis *White Street Correctional Facilities*, das mit den *Tombs* durch die *Bridge of Sighs*, die Seufzerbrücke, verbunden ist.

Die Canal Street ist die nördliche Grenze Chinatowns und war ehemals eine von Bäumen gesäumte Straße an einem Kanal. Heute werden direkt auf dem Bürgersteig die unterschiedlichsten Waren verkauft, und es herrscht pralles Leben, wie man es aus asiatischen Städten kennt. Auf der Verkehrsinsel Ecke Baxter Street findet man die Gemüsehändler, nur wenig weiter bei Nummer 214 den Fischmarkt und in Nummer 277 das Kaufhaus **Pearl River**, in dem Waren aus allen Teilen der asiatischen, hauptsächlich der chinesischen Welt angeboten werden. In den unzähligen chinesischen Apotheken der Gegend kann man Ginseng und chinesische Kräutermedizin kaufen. Man bekommt dort auch für geringes Geld Tabletten gegen Heuschnupfen und andere Allergien, die, hergestellt auf reiner Kräuterbasis, eine erstaunlich lindernde Wirkung haben.

Wir gehen weiter bis zur Mulberry Street und biegen rechts ein. In Nummer 70, an der Ecke zur Bayard Street, liegt im ersten Stock das **Museum of Chinese in the Americas**, ein Archiv chinesischer Kultur in der neuen Welt. Hier werden von April bis November organisierte Spaziergänge durch Chinatown angeboten, die sehr zu empfehlen sind. Weiter geradeaus liegt der schon beschriebene Mulberry Bend. Von der Bayard Street aus gehen wir weiter zur **Mott Street**. Sie ist das eigentliche Herz von Chinatown mit einer überwältigenden Vielfalt an Gerüchen und optischen Reizen. Aufgereihte, in Tee geräucherte Enten glänzen in karamelisierter Pracht, daneben schwimmen lebende Fische in Becken, und exotische Früchte und Gemüse sind zu Bergen aufgetürmt. All dies ist eingerahmt von einer grellbunten chinesischen Bilderflut in der Aufmachung eines Souvenirladens. In dem sehenswerten kleinen Karree Mott Street, Chatham Square, Doyers und Pell Street befinden sich auf mehreren Etagen Hunderte von Restaurants aller nur vorstellbaren chinesischen Küchen – Hunan, Szechuan, Canton, Mandarin und Shanghai. Wie überall in New York trifft man auch hier abends auf lange Warteschlangen. In Nummer 35 Pell Street befindet sich die **May May Chinese Gourmet Bakery,** wo es ausgezeichnetes Gebäck gibt. Besonders zu empfehlen sind die *rice dumplings*, die *yam cakes* und die vegetarischen *spring roles*. In der winzigen **Doyers Street,** dem *blood angle*, dem blutigen Winkel, fanden um die Wende zum 20. Jahrhundert blutige Bandenkämpfe zwischen den Hip Sing und den On Leong tongs* statt. Auch heute noch gibt es in diesem Viertel Straßengangs, die jedoch weniger an die Geheimgesellschaften früherer Tage als vielmehr an die amerikatypischen Banden neuerer Prägung erinnern.

Auf dem **Chatham Square** steht ein Denkmal für im Zweiten Weltkrieg gefallene chinesische Soldaten. Von der Park Row biegen wir links in die **Pearl Street** ein und folgen ihr bis zur Madison Street. In der Pearl Street Nummer 6 wurde 1819 **Herman Melville** geboren. Melville lebte ein von der Literaturszene New Yorks jener Jahre zurückgezogenes Leben. Er lernte keinen der anderen berühmten Autoren wie Mark Twain oder William Dean Howells kennen. Im Alter von sechsundvierzig Jahren begann er 1866 für wenig Geld als Zollinspektor zu arbeiten. Er behielt diese Stelle bis zu seiner Pensionierung und arbeite sechs Tage in der Woche von neun Uhr morgens bis fünf Uhr nachmittags, mit zwei Wochen Ferien pro Jahr, für vier Dollar am Tag. Bis zu seinem Tod im Jahre 1891 lebte die Familie in Nummer 104 der

* tong – ist eine chinesische Geheimgesellschaft krimineller Prägung. In neuerem Zusammenhang würde man vielleicht von einer Art Mafia sprechen.

26th Street East. Der Schmerz über den Tod seines Sohnes Malcolm, der sich in dieser Wohnung 1867 das Leben nahm, trieb Melville an den Rand des Wahnsinns.

Melville hörte nie auf zu schreiben. Seine besondere Liebe galt jedoch nicht seiner Prosa, sondern seinen Gedichten, die er 1888 und in seinem Todesjahr 1891 in Ausgaben von jeweils fünfundzwanzig Exemplaren im Selbstverlag erscheinen ließ.

In die Madison Street biegen wir links ein und folgen ihr bis zur James Street, wo sich in Höhe der Nummer 55 der **Shearith Israel Cementery** aus dem Jahre 1683 befindet. Wir gehen bis zur Catherine Street und von dort zur **Monroe Street**. Dieses Viertel heißt Knickerbocker Village. Im elften Stock der Monroe Street Nummer 10 wohnten zwischen 1942 und 1950 Ethel und Julius Rosenberg. Dort wurden sie 1950 verhaftet, weil sie das Geheimnis der Atombombe angeblich an die Russen verkauft hatten. Der Mietblock mit sechzehnhundert Wohneinheiten war 1934 als gemeinsames Projekt der *Metropolitan Life Insurance Company* und der Bundesregierung gebaut worden, als die Slums abgerissen wurden. Bis Ende der 50er Jahre weigerten sich die Besitzer, Afroamerikaner einziehen zu lassen.

1947 ließ Präsident Truman vom Justizministerium eine Liste von Organisationen zusammenstellen, die »totalitär, faschistisch, kommunistisch oder subversiv« orientiert waren. Neben der Kommunistischen Partei und dem Ku-Klux-Klan landeten eine Reihe weiterer Gruppierungen auf der Liste, darunter die *League of American Writers*, die *Nature Friends of America* oder die *Washington Bookshop Association*. So waren es anfänglich erstaunlicherweise nicht McCarthy und die Republikaner, sondern Truman und die

Demokraten, die im Land eine antikommunistische Stimmung erzeugten.

Ethel Rosenberg hat die Lower East Side nie verlassen. Bis zum Abschluß der Highschool wohnte sie in einer sogenannten *cold-water-flat*, einer Wohnung ohne fließend warmes Wasser, auf der Sheriff Street. Sie war eine beliebte Sängerin bei politischen Veranstaltungen und arbeitete für die Gewerkschaft, die im *Garment District* tätig war. 1936 lernte sie Julius Rosenberg kennen, der damals der *Young Communist League* angehörte. Es konnte nie schlüssig nachgewiesen werden, ob das Ehepaar das Geheimnis der Atombombe verkauft hatte oder nicht. Es ist in dem Zusammenhang interessant, sich daran zu erinnern, daß die Sowjetunion bis zum Ausbruch des Kalten Krieges Verbündete der Vereinigten Staaten waren. Angeblich soll Julius Rosenberg als Spion tätig gewesen sein, Ethel dagegen nie. Gegen die Verurteilung der beiden wurde weltweit protestiert. Albert Einstein setzte sich ebenso wie Pablo Picasso und Jean-Paul Sartre für die Rosenbergs ein, doch die Anträge blieben erfolglos, und das Ehepaar wurde am 19. Juni 1953 auf dem elektrischen Stuhl hingerichtet.

Etwa zur selben Zeit hatte sich unter Senator McCarthy das *House Un-American Activities Committee* gebildet. Eine ihrer ersten Aktivitäten war die Verbreitung eines Pamphlets in Millionenauflage an die amerikanische Bevölkerung. Es trug den Titel: *One Hundred Things You Should Know About Communism (Einhundert Dinge, die Sie über den Kommunismus wissen sollten)*, und enthielt erbauliche Tatsachen wie diese: »Wo können Kommunisten gefunden werden? Überall!« Obwohl die Liberalen die Hetze gegen die Kommunisten oft kritisierten, stimmten sie doch im Kongreß Jahr für Jahr stets wieder dafür, Gelder zur Verfolgung kommunistischer Aktivitäten im Land bereitzustellen. Liberale Intellektuelle beteiligten sich an der Jagd, und so erschienen in Magazinen und Zeitungen Artikel wie: *How Communists get their way (Wie Kommunisten ihren Willen durchsetzen)* und *Communists are after your child (Kommunisten sind hinter Ihrem Kind her)*. In der *New York Times* stand 1956 zu lesen: »Wir würden wissentlich kein Mitglied der Kommunistischen Partei in unserer Nachrichtenabteilung einstellen ... denn wir könnten seiner Fähigkeit nie trauen, Nachrichten objektiv wiederzugeben oder sie ehrlich zu kommentieren.« In Hollywood wurden Filme mit Titeln gedreht wie *I Married a Communist (Ich heiratete einen Kommunisten)* und *I was a Communist for the FBI (Ich war ein Kommunist für das FBI)*. Insgesamt wurden zwischen 1948 und 1954 über vierzig antikommunistische Filme in Hollywood produziert. Jedermann wußte, wie hoch eine antikommunistische Einstellung angesehen war, und so läßt Mickey Spillane in seinem dreimillionenfach verkauften Buch *One Lonely Night* seinen Helden Mike Hammer sagen: »Heute nacht habe ich mehr Leute getötet, als ich Finger an der Hand habe. Ich habe Rote erschossen ... rote Schweinehunde, die schon lange hätten sterben sollen.« In der Comic-Serie *Captain America* sagt der Captain: »Hütet euch, Kommunisten, Spione, Verräter und ausländische Agenten! Captain America ist mit der Unterstützung aller loyalen, freien Männer hinter euch her ...«

Die antikommunistische Hetze in den USA war ein profitables Geschäft, denn die Kriegsproduktion brachte wirtschaftliche Stabilität. 1946, noch vor der Truman-Doktrin, stand im Presseblatt *Steel (Stahl)* der Metallindustrie zu lesen, die Politik Trumans stelle »eine Versicherung dar, daß die Beibehaltung und der Aufbau von Kriegsvorbereitungen große Rendite in den Vereinigten Staaten für mindestens eine beachtliche Zeit in die Zukunft hinein garantieren wird«. Im Jahr 1960 betrug der Verteidigungshaushalt 49,7 Prozent des Gesamthaushalts. Als John F. Kennedy im selben Jahr gewählt wurde, hob er laut Edgar Bottoms Buch *The Balance of Terror* innerhalb von vierzehn Monaten das Budget um weitere neun Milliarden Dollar an.*

Ebenfalls auf der Monroe Street wohnte zur selben Zeit, Anfang der 50er Jahre, im Schatten von Manhattan Bridge in einem großen Loft **Norman Mailer**. Er feierte wilde Parties, auf denen Autoren wie Ginsberg oder James Baldwin ebenso verkehrten wie der Schauspieler Montgomery Clift und viele andere Künstler. Eine dieser Parties wurde von einer Gang aus der Gegend überfallen und Mailer durch mehrere Hammerschläge auf den Kopf verletzt. In einem Playboy-Interview wurde Mailer nach seinem großen Erfolg anläßlich des 1948 erschienenen Romans *Die Nackten und die Toten* befragt, wie er mit diesem Erfolg umgehe. »Natürlich stand ich drauf«, sagte er. »Ich mußte. Ich meine, um brutal offen mit all unseren klasse Playboy-Lesern da draußen zu sein: ich kam so an Mädchen, an die ich sonst nie rangekommen wäre.« Böse Zungen behaupten, Mailer müsse stets produktiv sein, weil er an seine geschiedenen Frauen und insgesamt neun Kinder so hohe Unterhaltszahlungen zu leisten habe. Norman Mailer gehört sicherlich zu den vielseitigsten und herausragendsten Schriftstellerpersönlichkeiten unserer Zeit. Zusammen mit Dan Wolf und Edwin Fancher gründete er auch die Wochenzeitung *Village Voice*. Während seiner Nachforschungen für das Buch *The

---

* Alle Zitate stammen aus Howard Zinn, 1995, S. 424-429

Executioner's Song, das ihm 1979 den zweiten Pulitzer Prize einbrachte, bekam er Briefe über das Leben im Gefängnis von einem Mann namens Jack Abbott. Beeindruckt von seinem Stil und seinen Erfahrungen in verschiedenen Gefängnissen, unterstützte er ihn bei der Veröffentlichung eines Buchs *In The Belly of the Beast (Im Bauch der Bestie)*. Zusammen mit anderen literarischen Größen setzte er sich dafür ein, daß Abbott 1981 aus dem Gefängnis entlassen wurde. Abbott kam sofort nach New York, und nach nur wenigen Wochen erstach er im Bini Bon Café in der Lower East Side einen Kellner, weil dieser ihn nicht die Personaltoilette benutzen lassen wollte. Mailer stand umgehend im Rampenlicht und wurde von der Presse beschuldigt, einem Mord Vorschub geleistet zu haben. Er verteidigte jedoch sowohl seine Entscheidung, sich für Abbott eingesetzt zu haben, als auch Abbott selbst. Dies entfachte eine große Diskussion darüber, ob der Kriminelle kriminell ist oder in den Gefängnissen erst kriminalisiert wird.

Heute lebt Norman Mailer mit seiner sechsten Frau in Brooklyn Heights.

Ein weiterer berühmter Mieter in einem der Lofts auf Monroe Street war **John Cage.** Cage kehrte nach seinen Studien im Jahre 1942 nach New York zurück. Er hatte, so geht die Geschichte, fünfundzwanzig Cents in der Tasche, als er Max Ernst anrief, um ihn auf dessen Angebot anzusprechen, er könne mit seiner Frau bei ihm wohnen. Ernst hielt Wort. 1945 ließ sich Cage scheiden und zog in ein eigenes Loft auf Monroe Street. Er lernte den Tänzer Merce Cunningham kennen und ging mit ihm eine sehr fruchtbare kreative Verbindung ein. Cage und Cunningham arbeiteten mit den Malern Jasper Johns und Robert Rauschenberg zu-

Manhattan Bridge

sammen. 1952 wurde sein berühmtes Stück *4'33''* von David Tudor uraufgeführt, eine vier Minuten und dreiunddreißig Sekunden andauernde Stille. Schoenberg sagte von ihm, er sei »nicht nur Komponist, sondern Erfinder – von Genialität«.

Wir verlassen die Monroe Street und gehen bis zur Ecke Market Street, in die wir links einbiegen und bis zum **East Broadway** spazieren. Über uns dröhnen die Fahrgeräusche von der 1905 erbauten blauen **Manhattan Bridge**. Sie war zu ihrer Zeit für leichteren Verkehr gedacht, als sie heute zu bewältigen hat, und ist weit weniger attraktiv als ihre Schwester, die Brooklyn Bridge, weiter im Süden. Große Tore verhindern heute den Zugang für Fußgänger; lose Holzplanken ersetzen zum Teil die alten Wege. Die Brooklyn Bridge mit ihrem erhöhten Fußgängerweg und dem Gewirr aus Kabeln wirkt bei weitem anziehender und lädt zum Spaziergang hinüber nach Brooklyn ein. Der Weg über die Brücke verbunden mit einem Besuch des Fulton Fischmarkts und des South Street Seaports sei empfohlen.

Auf dem East Broadway rechts unter der Brücke befindet sich ein altes Theater, in dem neben chinesischen Filmen auch traditionelle Peking-Opern aufgeführt werden. Im Inneren ist das Dröhnen jeder U-Bahn und jedes größeren Lasters, der über die Brücke fährt, zu hören. Blickt man von hier nach links, sieht man die Straßenszene, wie sie für den Film *Das Jahr des Drachen* von Michael Cimino in den Studios in North Carolina nachgebaut wurde. Im Fluchtpunkt am Ende der Straße standen bis zum 11. September 2001 die beiden Türme des World Trade Center, die hier im Süden Manhattans aus jedem Winkel zu sehen waren.

Wir spazieren unter der Brücke hindurch. In Nummer 89

wohnte bis zu seinem Tod im Jahre 1996 der Maler und Bildhauer Ben Bianchi. Er war einer der wenigen »ang moh kuis«, rotköpfigen Teufel, die in Chinatown lebten und arbeiteten.

Fast gegenüber, in der Eldridge Street 12-14, liegt die **Eldridge Street Synagoge**, die 1887 hier errichtet wurde. Da in den letzten Jahren die Zahl der Chinesen sprunghaft anstieg, während die der Juden fiel, wurde die Synagoge geschlossen. Sonntags werden jedoch noch immer Führungen organisiert. Zur Zeit werden Spenden gesammelt, um die Synagoge zu restaurieren.

Wir gehen den East Broadway weiter entlang und überqueren die **Pike Street**. Diese Straße ist oder besser war die offizielle Grenze von Chinatown. Auf der anderen Seite beginnt der, wie ihn die Journalistin Gwen Kinkead in ihrem Buch *Chinatown: A Portrait of a Closed Society* nennt, »Wilde Westen von Chinatown«. In dieser Gegend tätigen viele Agenturen dunkle Schlepper-Geschäfte. Sie heuern vornehmlich chinesische Arbeiter in der Volksrepublik an, die bis zu dreißigtausend Dollar für eine Überfahrt in die USA bezahlen. Sie arbeiten jahrelang bis zu achtzehn Stunden täglich in den Sweatshops und wohnen unter menschenunwürdigen Bedingungen, um die Kosten für die Reise zurückzuerstatten.

Die Geschäfte, die auf diesem Abschnitt des East Broadway liegen, haben keine schmucken Pagodendächer. Auch die Farbenpracht der Postkartenbilder vom Beginn unseres Spaziergangs fehlt hier. Doch die kleinen Friseur-, Lebensmittel-, Fisch- oder Gemüseläden sind authentisch und viel-

leicht viel exotischer als die für das Auge des Touristen –
auch für die aus der Upper West Side – zurechtgemachten.

Wir überqueren die Rutgers Street. Auf ihrer Ecke in
Nummer 165, wo heute ein chinesisches Restaurant untergebracht ist, lag von 1911 bis 1983 **The Garden Cafeteria**. Hier
konnte der Besucher bei preisgünstigen und deftigen Speisen einen ganzen Tag verbringen. Cafeterias dieser Art
waren zu ihrer Zeit eine amerikanische Institution, die heute
nahezu ganz aus dem Stadtbild verschwunden ist. In der
Garden Cafeteria saßen, aßen und diskutierten berühmte
Leute wie Isaac Bashevis Singer, Leon Trotzky und Fidel
Castro, der 1949 einige Monate auf der 82nd Street West
lebte. The Garden Cafeteria kam in den Genuß dieses hohen
Besuchs hauptsächlich deswegen, weil nebenan in Nummer 175 die Redaktionsräume der jüdischen Zeitung **The
Jewish Daily Forward** lagen. 1897 wurde die Zeitung von
Abraham Cahan gegründet und erzielte eine Auflagenhöhe
von 225000 Exemplaren. Sie wurde zur größten jüdischen
Zeitung der Welt. Das Gebäude des *Forward* war jedoch
nicht nur ein Zeitungsgebäude, es war gleichzeitig Zentrum
des linken Aktionismus. Der *Forward* veröffentlichte Listen
von Firmen, die bestreikt wurden; gleichzeitig diente das
Gebäude oft als Streikhauptquartier. Regelmäßig erschien
im *Forward* die sogenannte »Gallery of Missing Husbands«. Mehr als zehn Prozent der jüdischen Ehemänner
verließen ihre Familien zu dieser Zeit aus verzweifelter Armut. Das Thema der »missing husbands« ist im Augenblick
in der afroamerikanischen Gesellschaft sehr aktuell. Die
Gründe sind dieselben. Rassisten im Land beschreiben diese
Familienflucht als etwas, das den Afroamerikanern im Blut
sitze – so wie es damals den jüdischen Männern im Blute
gesessen haben soll. Es ist überflüssig, zu bemerken, daß die

Zahl der kaukasischen Männer, die ihre Familien aus demselben Motiv im Stich lassen, nahezu identisch ist. Heute hat der *Forward* seinen Sitz auf der 33. Straße, und die chinesische Kirche, der das Gebäude mittlerweile gehört, bemüht sich sehr darum, seine radikale Vergangenheit vergessen zu machen. Vier große chinesische Schriftzeichen bedecken die Köpfe von Karl Marx, Friedrich Engels, Ferdinand Lassalle und Karl Liebknecht über den Säulen.

Wir überqueren den Strauss Square und biegen wieder in die Canal Street ein, von wo aus wir auf die Allen Street treffen. Die **Allen Street**, eine Verlängerung der 1st Avenue, entstand in ihrer heutigen Form im Park-Avenue-Stil erst 1930. Immobilienspekulanten hatten die Häuser entlang der Straße billig erworben, um sie der Stadt später teuer zu verkaufen. Weigerten sich die Anwohner zu verkaufen, wurden ihre Wohnungen in Brand gesetzt. Die Baukosten für diese parkähnlich verbreiterte Straße betrugen damals acht Millionen Dollar. Sieben davon flossen in die Taschen der Immobilienhaie.

Weiter oben, zwischen der Delancey und der Houston Street war auf der Allen Street damals der Straßenstrich zu finden. Der *Forward* warnte jüdische Familien, diese Gegend des »offiziellen Fleischhandels im jüdischen Viertel« zu meiden. Tatsächlich verdiente eine Prostituierte zehnmal so viel wie eine der Frauen, die in den Sweatshops des Garment District arbeiteten.

Wir setzen unseren Spaziergang fort über die Canal Street und stoßen an der großen Kreuzung mit der Bowery auf die **Auffahrt zur Manhattan Bridge** und den einst gewaltigen, heute jedoch fast bis zur Unkenntlichkeit umgebauten Triumphbogen. Die Skulpturen von Daniel Chester French, die diesen Bogen einst zierten, stehen inzwischen im Brooklyn Museum. Sie mußten der veränderten Verkehrslage weichen. Dieses Gebiet war einst das Zentrum von New Yorks Diamantendistrikt. Inzwischen sind viele Juwelenhändler nach Uptown in die Nähe der 47th Street zwischen der 5th und 6th Avenue gezogen. Doch noch immer gibt es eine große Anzahl von Juwelenhändlern auf der Bowery und der Nordseite der Canal Street. Die Steine sind von guter Qualität, doch es empfiehlt sich immer zu handeln.

Damit sind wir zum Ausgangspunkt unseres Spaziergangs zurückgekehrt und beenden ihn hier.

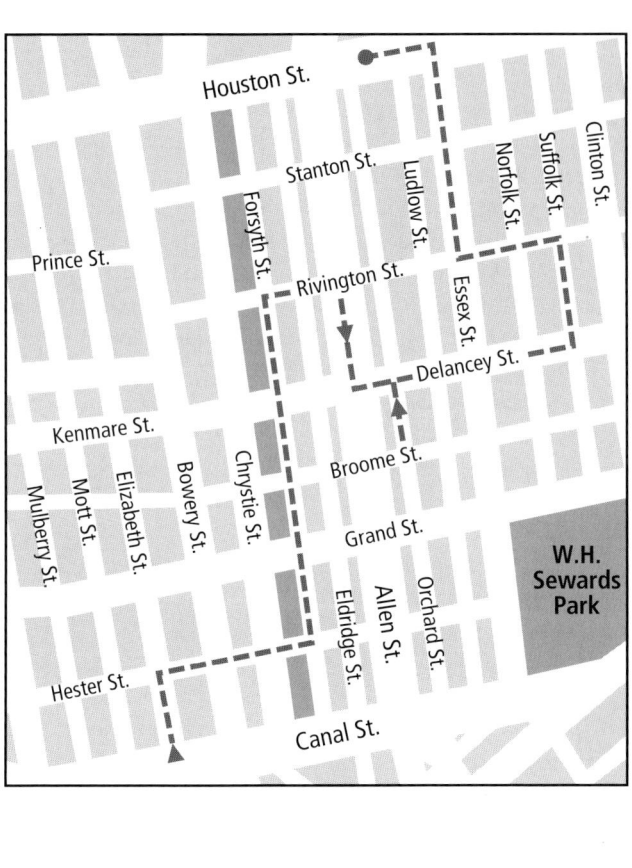

In der Nähe der Hester und Orchard Street lag gegen Ende des 19. Jahrhunderts die wohl größte jüdische Gemeinde der Welt. Viele der Einwanderer waren gebildete Handwerker, und so florierten in der Gegend schon bald eine Menge Zeitungen in jiddischer Sprache. Auf unserem Gang durch Chinatown haben wir bereits die wichtigste Stätte des jiddischen Journalismus besucht. Aus der Zeitungstradition erwuchs die erste Gruppe jiddischer Dichter, die über die Lebensbedingungen in den Slums und Sweatshops schrieben. Man nannte sie die *Sweatshop Poets*. Zu den bedeutendsten Vertretern dieser Richtung zählen Morris Winchevsky, David Edelstadt und Morris Rosenfeld, obwohl sie sich eher als Aktivisten und Journalisten hervortaten als durch die Qualität ihrer Gedichte.

Noch 1920 lagen dort über fünfhundert Synagogen oder Religionsschulen (Talmud Torahs). Heute ist die Gegend um die Hauptverkaufsstraße Orchard Street das Zentrum der orthodoxen Juden. In New York leben über zwei Millionen Juden, mehr als an jedem anderen Ort der Welt außerhalb Israels. Ein alter Witz über die jüdische Geschichte New Yorks besagt, die Juden der ersten Generation hätten sich in Manhattan niedergelassen, die der zweiten seien in die Vororte, die der dritten nach Long Island und Westchester County gezogen, während die vierte Generation händeringend versuche, wieder eine Wohnung in Manhattan zu finden.

Samuel Cohen, der Chronist der Lower East Side, beschreibt in seinem Buch *How We Lived (Wie wir lebten)* die Zustände in den jüdischen Vierteln:

»Um acht Uhr morgens zwängte ich meinen Arm durch einen Riemen am Korb, hob ihn hoch und rückte ihn auf meinem Rücken zurecht, den anderen Arm steckte ich durch den Riemen des Waschkessels und über meinen Kopf, damit der Kessel auf meiner Brust richtig saß. Alles, was man von mir aus der Ferne sehen konnte, war mein lästiger Strohhut! Meine Anweisungen lauteten so: Ich sollte auf der Elizabeth Street vier Straßenblocks nach Norden laufen, dann nach Osten, die Bowery überqueren, die damals schon die Hochbahn hatte, und zwei weitere Straßenzüge weiter gehen. Sobald ich an den Blocks mit den Privathäusern ankäme, sollte ich die kleine Veranda vor dem jeweiligen Haus hinaufsteigen, klingeln und, wenn die Tür sich öffnete, sagen: ›Kaufen Sie Blechtöpfe‹.

Vor dem ersten Haus klopfte mir das Herz bis zum Hals. Ich zögerte. Nachdem ich tief eingeatmet hatte, stieg ich eine Veranda hinauf und zog an der Glocke. Ich war gespannt. Die Tür öffnete sich, und ein rothaariger junger Riese erschien. Ohne ein Wort zu sagen, betrachtete er mich und meine Verkleidung. Er war kein bißchen roh, legte lediglich seine Hand behutsam auf den Kessel vor mir und verpaßte mir einen kräftigen Schubs. Schnell fiel ich rückwärts die Treppen hinunter und landete schließlich in sitzender Position mitten auf der Straße. Meine Waren lagen überall um mich herum verstreut. Unter großen Anstrengungen gelang es mir, meinen Korb und den Waschkessel wieder in Ordnung zu bringen. Was nun?, dachte ich. Ich hätte an keiner weiteren Glocke mehr ziehen können, selbst wenn ich gewollt hätte. Ich ging zurück zur Elizabeth Street. Als ich einen Hof betrat, sah ich eine offene Tür und eine Frau in der Nähe. Mir gelang der erste Verkauf – eine Tasse für zehn Cents – der Gewinn war nicht schlecht!«

Wir beginnen unseren Gang auf der Canal Street, Ecke Elizabeth Street und folgen ihr einen Block nach Norden bis zur **Hester Street**. Der gleichnamige Film von Joan Micklin Silver mit Steven Keats, Mel Howard, Dorrie Kavanaugh und Carol Kane ist die Verfilmung des 1996 erschienenen Romans *Yekl* von Abraham Cahan. Cahan kam 1882 in die Lower East Side. Geboren und aufgewachsen war er in der Nähe von Wilna in Litauen. Er lebte in verschiedenen Tenements auf dem East Broadway und in der Clinton Street, wo er, wie er schrieb, »die besten Jahre seines Lebens in Amerika verbrachte«. Cahans berühmtester Roman ist *The Rise of David Levinsky* von 1916, doch als Redakteur des *Jewish Daily Forward* (s. Gang durch Chinatown) erlangte er seine größte Bedeutung. Über siebzig Jahre, die Cahan in New York lebte, war er ein Wegbereiter der amerikanisch-jüdischen Literatur, die er aus dem Ghetto holte.

Die Hester Street etwas weiter hinauf, rechts und links der Ludlow Street, lag der berühmte **Pig-Market**. Dort wurde außer Schweinefleisch alles verkauft, was man sich nur vorstellen kann. Es dauerte viele Jahre und bedurfte eines großen Aufwands seitens der Gesundheitsbehörden, bis Geflügel hier nicht mehr auf der Straße geschlachtet, sondern die Schächtungen nach Gouverneur Slip verlegt wurden, wo sie unter koscheren Bedingungen vorgenommen werden konnten.

Wir gehen weiter geradeaus über die Forsyth Street bis zur Ecke Rivington Street und dort nach rechts. In Nummer 45, einer ehemaligen Schule aus dem Jahre 1890, befindet sich heute das **Rivington House**, eine 1995 eröffnete Aids-Klinik. Hier arbeiten über vierhundert Angestellte. Der Autor Terry Miller, der mit seinem Buch *Greenwich Village and How It*

Got That Way (Greenwich Village und wie es dazu wurde)
berühmt wurde, starb hier.

Eine Ecke weiter, in der Eldridge Street 184, liegt das 1898 erbaute **University Settlement**. Der Millionär James Graham Phelps Stokes unterhielt es jahrelang. Hier wurde eine Bibliothek für die Insassen des *Tombs*-Gefängnisses eingerichtet, Streikende erhielten Gratis-Mahlzeiten, und im Keller konnte man günstig duschen. Englischunterricht wurde angeboten und Kindertagesstätten organisiert.

Wir biegen rechts in die Allen Street ein. In Nummer 133 lagen die ehemaligen **Allen Street Baths**. Diese öffentliche Badeanstalt existierte von 1905 bis 1988, bevor sie 1992 in einer Auktion von der Stadtverwaltung verkauft wurde. Öffentliche Bäder waren in einer Stadt mit hauptsächlich *cold-water-flats*, Wohnungen ohne Bad und nur mit fließend kaltem Wasser, von großer Bedeutung. Um die Jahrhundertwende gab es in New York fünfundzwanzig öffentliche Badeanstalten. Später baute die Stadt fünfzehn schwimmende Docks im East River und im Hudson River, wo man baden konnte. Die Allen Street Baths wurden bis in die 70er Jahre von über dreißigtausend Menschen im Jahr besucht. Man schätzt, daß dort im Laufe ihrer Geschichte über vier Millionen Menschen gebadet haben.

Wir überqueren die Allen Street, biegen links in die Delancey Street und rechts in die Orchard Street ein. In Nummer 97 hat das **Lower East Side Tenement Museum** seinen Sitz, das in wechselnden Ausstellungen, Filmen und Veranstaltungen die Einwanderungsgeschichte des Viertels thematisiert. Hier werden auch Fotos des in Ungarn geborenen Fotografen Arnold Eagle aus der Zeit der Wirtschaftskrise gezeigt sowie über 1500 Objekte, die im Haus gefunden wurden.

Tenement läßt sich auf deutsch am besten mit »Miets-kaserne« wiedergeben. Das Museum erlaubt einen Blick in eine dieser Kasernen, in diese »Orte des Elends«, wie Riis sie nannte. Es wurde 1989 eingerichtet und verschafft einen Eindruck vom Leben der Immigranten. Der deutsche Einwanderer Lucas Glockner erbaute 1863 das sechsstök-kige Gebäude mit seinen zweiundzwanzig Wohnungen. In den zweiundsiebzig Jahren, die es bis zu seiner Schließung Mietern offenstand*, wohnten hier über zehntausend Men-schen aus zwanzig verschiedenen Ländern. Sie arbeiteten in den Sweatshops der Gegend oder wuschen fremde Wäsche in den winzigen Zweiunddreißig-Quadratmeter-Wohnun-gen mit ihren drei Zimmern, deren ausschließliche Licht-quelle winzige Fenster und einzige Wärmequelle ein mit Holz befeuerter Küchenherd war. Ohne fließendes Wasser lebten hier vielköpfige Familien, die oft noch Untermieter aufnahmen, um ein Extraeinkommen zu erzielen. Bis 1915 wohnten im Durchschnitt achtzehn Personen in einer Woh-nung. Man arbeitete und schlief in Schichten. Vierzig Pro-zent der hier geborenen Babys starben im Kindbett. Seuchen und Krankheiten waren an der Tagesordnung. Die Bettpfo-sten standen in Töpfen mit leicht entflammbarem Kerosin, um Läusen, Wanzen und Flöhen den Einzug in die Betten zu erschweren.

1917 kam es in der Orchard Street zwischen Frauen des Viertels und der Polizei aufgrund zu hoher Gemüsepreise zu Ausschreitungen. Maria Ganz, eine berühmte Aktivistin der

---

* Das Mietshaus wurde 1935 geschlossen, weil der damalige Besitzer es nicht einem neu verabschiedeten Gesetz entsprechend renovieren wollte. Es bildete so eine perfekte Zeitkapsel, die bis heute erhalten geblieben ist.

Blick auf das Citicorp Center

Lower East Side, begann Gemüse auf Polizisten zu werfen, als sie die steigenden Preise im Viertel und die Verzweiflung der Mütter sah, die sich selbst Zwiebeln nicht mehr leisten konnten. Die Auseinandersetzungen griffen auf die Rivington Street über. Schließlich organisierten die Frauen unter Ganz' Führung einen Demonstrationszug zum Rathaus. Maria Ganz wurde verhaftet, weil sie ihre Rede auf jiddisch hielt. Zwar sei die Rede nicht verstanden worden, sagten die Polizisten später aus, doch die allgemeine Haltung der Rednerin habe in eindeutiger Weise zum Aufruhr aufgewiegelt. In der Folge gründete sich *The Women's Anti High Price League*, eine Frauenliga gegen Preistreiberei. Die Liga residierte in den Büros des *Jewish Daily Forward* und forderte von Bürgermeister Mitchell, Gemüse für eine Million Dollar einzukaufen, um es an bedürftige Bürger zum Selbstkostenpreis abzugeben. Mitchell weigerte sich, den freien amerikanischen Markt zu beeinflussen. Daraufhin organisierte die Liga einen Boykott bestimmter Produkte. Streikposten an Geschäften entrissen denjenigen Einkäufern die Taschen, die ihre Beteiligung an dem Boykott verweigerten. Tatsächlich begannen sich die verderblichen Produkte in den Güterzügen und Depots anzusammeln, bis sie rechtzeitig vor ihrem Verfall unter Preis verkauft wurden – eine Regelung des Marktes mit anderen Mitteln.

Es ist heute schwer vorstellbar, daß die Orchard Street nach den *orchards*, den Obstplantagen, benannt wurde, die hier im 18. Jahrhundert von James Delancey, dem Vizegouverneur der britischen Provinz New York und Namensgeber der Delancey Street, betrieben wurden. Im frühen 19. Jahrhundert existierten hier ausgedehnte Obst- und Gemüsemärkte. Auch heute noch verwandelt sich besonders der

Abschnitt zwischen der Delancey Street und der Houston Street sonntags in einen pittoresken Straßenmarkt, auf dem die unterschiedlichsten Waren zu erstaunlichen Preisen angeboten werden.

Zwischen der Suffolk und der Norfolk Street liegt das berühmte **Ratner's Dairy Restaurant**. Es ist das älteste jüdische Restaurant der Stadt. 1905 eröffnete es erstmals auf der Grand Street, und seit 1917 liegt es hier auf Delancey. Zu empfehlen sind besonders der *Gefilte Fish*, *Matzo Brei* und *Bagels mit Lox*. Ratner's ist stets auch Treffpunkt von Politikern gewesen, die hierher kamen, um sich die Stimmen der jüdischen Einwohner zu sichern. Der ehemalige Gouverneur von New York Nelson Rockefeller pflegte hier am Vorabend von Wahlen zu speisen; es bringe ihm Glück, meinte er.

Wir biegen links in die Suffolk Street ein und folgen ihr bis zur Rivington Street. In der **Rivington Street 123** läßt Meredith Tax ihren Roman *Rivington Street* spielen. Er erzählt die Geschichte einer jüdischen Familie, die nach einem Pogrom aus Rußland nach Amerika flieht und die neue Welt in der Lower East Side erlebt.

Nur wenig weiter, in Nummer 125, befand sich 1890 die sogenannte **Eisler's Golden Rule Hall**. In den fünf Stockwerken des Gebäudes waren Kirchen fünf verschiedener Glaubensrichtungen untergebracht.

Im Juni 1882 versammelten sich Hunderte jüdischer Tagelöhner in der Nähe von Castle Garden im Battery Park, wo sie als Arbeiter angeheuert wurden. Fünfhundert zog man zu Arbeiten in den Docks im Norden heran. Nach zwei

Tagen stellte sich heraus, daß sie anstelle streikender irischer Dockarbeiter eingesetzt worden waren. Die Juden solidarisierten sich mit den Iren. Die erste Streikversammlung fand in Eisler's Golden Rule Hall statt. Es nahm auch ein junger Arbeiter aus einer Zigarrenfabrik namens Abraham Cahan daran teil. Gegen Ende der Versammlung beschwerte sich Cahan, die Reden sollten nicht nur auf englisch oder russisch, sondern auch auf jiddisch gehalten werden. Die Organisatoren stimmten zu, und kurz darauf hielt Abraham Cahan in einer Kneipe auf der East 6th Street die erste sozialistische Rede in jiddischer Sprache in Amerika.

Ebenfalls in der Nummer 125 befand sich die **African Free School 4**. Zwischen 1787 und 1834 existierten im südlichen Manhattan über ein Dutzend African Free Schools, in denen ehemalige Sklaven unterrichtet wurden.

Wir biegen rechts in die Essex Street ein und gehen hoch bis zur Houston Street. Die Nummer 205 beherbergt an der Ecke zur Ludlow Street **Katz's Delicatessen**, wo seit 1914 vorzügliche Pastrami und Knoblauchwurst verkauft werden. 1989 wurde hier die wohl beliebteste und bekannteste Szene des Films *Harry und Sally* gedreht.

Bei Katz's beenden wir unseren letzten Gang durch die Lower East Side und nehmen uns die Zeit, wie Billy Crystal und Meg Ryan in Ruhe zu essen.

Central Park:
Ein Tag im Grünen

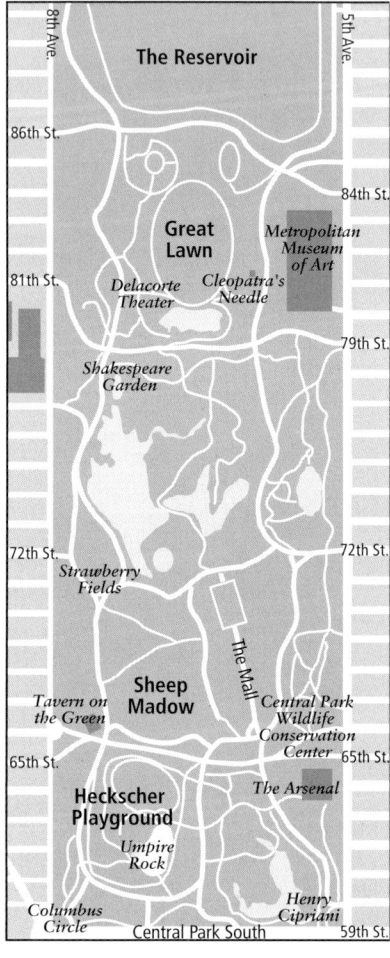

> Ich mag *Pflaster*; den Klang meiner Schuhe
> auf Pflaster; vollgestopfte Schaufenster;
> durchgehend Tag und Nacht geöffnete Re-
> staurants, Sirenen in der Nacht – unheimlich
> aber lebendig; Buch- und Schallplattenläden,
> in die man spontan um Mitternacht gehen
> kann. Und in diesem Sinn ist New York die
> einzige Stadt-Stadt der Welt.
>
> *Truman Capote*

Eben weil New York so urban, so *stadt-städtisch* ist, diese
»Metropole alle Symptome eines Verstandes hat, der durch-
gedreht ist«, wie Isaac Bashevis Singer schrieb, und ihre
»Wolkenkratzer«, so Le Corbusier, »Maschinen sind, um
Geld zu machen«, speziell aber weil New York nach Am-
brose Bierce »Kokain, Opium, Haschisch« ist, scheint ein
Park, eine grüne Lunge, unverzichtbar. »Eine Stadt ohne
Park ist wie ein Mensch ohne Seele. Ein Park ist die Seele
einer Stadt, Gradmesser ihrer Befindlichkeit«, schrieb der
irisch-amerikanische Dichter Shaunessy O'Flurie. Central
Park ist diese Rettung pflastermüder Großstadtmenschen
und Besucher.

1844 startet der Schriftsteller, Anwalt und Journalist William Cullen Bryant eine Zeitungskampagne für die Einrich-
tung eines Parks in Manhattan, der damals im Hinterland,
jenseits der nördlichen Grenze der bewohnten Stadt lag. Unterstützung fand er unter anderem bei Washington Irving,
dem wohl berühmtesten amerikanischen Schriftsteller seiner Zeit, der unter dem Pseudonym Dr. Diedrich Knickerbocker sein bekanntestes Buch *A History of New York*
veröffentlichte. Für die Stadt übernahm er in diesem Buch

Luftaufnahme von New York City, dem Central Park und Manhattan

den Namen *Gotham*, das als Gotham City bei dem Comic-Helden Batman wieder auferstand. Den Namen entlieh er einem Dorf gleichen Namens in England, in dem die Einwohner der Legende nach Schwachsinn vorgetäuscht hatten, um den Ort für König Johann ohne Land (1167-1216) unattraktiv zu machen, der beschlossen hatte, sich dort niederzulassen.

Die Kampagne für den Park war so erfolgreich, daß sich beide Kandidaten um das Bürgermeisteramt bei den Wahlen 1850 genötigt sahen, das Projekt zu unterstützen, und es sogar auf ihre Wahlplakate schrieben. Infolgedessen wurde 1855 ein etwa dreihundertvierzig Hektar* großes Stück Land für die damalige Unsumme von 7,4 Millionen Dollar erworben – wobei sich all jene bereicherten, die hier Land besaßen. Anschließend galt es, das Gelände topographisch auszuwerten. Man übertrug diese Aufgabe dem Landvermesser Egbert L. Viele – keine leichte Aufgabe, denn was heute Central Park darstellt, war damals Wohnort vieler Menschen, die dort in unregistrierten und zum Teil illegalen, selbstgebauten Behausungen lebten, Knochen zu Seife zerkochten, Vieh hielten und Kärgliches zur Selbstverpflegung anbauten. Sie lassen sich am besten mit den heutigen *homeless*, Trebegängern oder Obdachlosen, vergleichen. Unterstützt von Bryant und Irving wurde dem Journalisten Frederick Law Olmsted die Oberaufsicht über die Arbeiten am Park übertragen, die zunächst nur sehr schleppend vorangingen. Ein Freund, der in England geborene Architekt Calvert Vaux, überzeugte Olmsted, sich um die Ausschreibung für die Gestaltung des Parks zu bewerben. Sie nannten ihr Projekt *Greensward Plan* und gewannen damit

---

* 840 *acres* Land wurden erworben; 1 acre = 4047 m² = 340 ha – oft wird ein *acre* fälschlich einem Hektar gleichgesetzt, der aber 10 000 m² hat.

nicht nur das Preisgeld von zweitausend Dollar, sondern erbrachten mit ihrem Entwurf das, was mit geringen Abweichungen auch heute noch das Bild von Central Park darstellt.

Die Arbeiten jedoch gingen zunächst nur halbherzig voran, und es war ironischerweise der Wirtschaftskrise von 1857 zu verdanken, daß aus dem Plan des Parks Wirklichkeit wurde. »Der Boom von Eisenbahn und Produktion, Einwanderungswelle, zunehmende Spekulation an der Börse und in Staatsanleihen, Raub, Korruption und Manipulation führten zu wildem Wachstum und schließlich zum Zusammenbruch. Im Oktober dieses Jahres waren 200 000 Menschen arbeitslos, und Tausende frisch eingetroffener Immigranten drängten sich in den Häfen an der Ostküste in der Hoffnung, den Weg zurück nach Europa zu schaffen«, schreibt Howard Zinn. In der *New York Times* stand zu lesen: »Jedes Schiff nach Liverpool hat jetzt so viele Passagiere an Bord, wie es tragen kann, und Unmengen bewerben sich darum, für die Rückfahrkarte zu arbeiten, wenn sie nicht das Geld haben, dafür zu zahlen.« In Newark, New Jersey, demonstrierten Tausende und forderten, die Stadtverwaltung solle in Arbeitsbeschaffungsmaßnahmen für Arbeitslose Beschäftigung finden. In New York versammelte sich eine Menge von fünfzehntausend Menschen am Tompkins Square (s. Gang durch das East Village), von wo sie mit der Forderung »We want work!« zur Wall Street marschierten. In diesem Sommer kam es zu Ausschreitungen in den Slums von New York, und fünfhundert mit Steinen und Pistolen Bewaffnete griffen die Polizei an. Arbeitslose Menschen zogen durch die Straßen und verlangten Essen und Arbeit, Geschäfte wurden geplündert. Im November besetzte eine Menschenmenge das Rathaus, und die U. S. Marines wurden eingesetzt, um sie zu vertreiben. Die Zustände waren gräßlich. Man muß bedenken, daß die Vereinigten Staaten damals nur über sechs Millionen Arbeitskräfte verfügten, von denen über eine halbe Million Frauen waren. Zum Beispiel in der Schuhindustrie verdienten Männer drei und Frauen einen Dollar die Woche bei einem Arbeitstag von sechzehn Stunden.

In diesem Klima entschloß sich die Stadtverwaltung, die Arbeitslosen beim Bau des Parks einzusetzen: Zehn Millionen Pferdewagen an Erde, Geröll und Steinen wurden herbeigeschafft, auf das Gelände verteilt und über Seifensiedereien, Müllhalden, Abwässergruben und Viehpferche geschüttet; zehn Tonnen Schießpulver wurden zum Sprengen verbraucht; fünf Millionen Bäume und Sträucher wurden gepflanzt, mehrere Seen, vierundneunzig Kilometer Wege, zehneinhalb Kilometer Straßen, dreißig Brücken und Bögen angelegt. Olmsted und Vaux waren ständigen Anfeindungen und Budgetkürzungen durch die Behörden ausgesetzt und reichten im Verlauf der Bauarbeiten mehrmals ihre Rücktritte ein. Als der Park im Jahr 1873 schließlich fertig war, zeigte er sich als eine meisterhafte Darstellung gezähmter Natur. Olmsteds Ziel war gewesen, einen Ort zu schaffen, an dem Stadtmenschen vergessen konnten, daß sie sich in einer Stadt befanden. Dafür ließ er die Ränder des Parks mit Bäumen bepflanzen, um zu verhindern, daß man die Stadt noch sah. Es ist dies vielleicht der einzige Teil des Plans, der ihm auf lange Sicht nicht gelungen ist, denn die Häuser um den Park wuchsen in Dimensionen, wie man sie heute aus Batmans und Robins Gotham City kennt.

Der *New York Herald* schrieb 1858: »Wer am Staat verzweifelt, soll am Samstag in den Park gehen und sich ein paar Stunden lang an den Menschen dort erfreuen.« Und genau dies tun die New Yorker in Massen. Dabei ist Central Park nur der fünftgrößte Park in New York, aber es ist seine Lage, die ihn zum beliebtesten – und zum sichersten – macht. Verglichen mit anderen Stadtvierteln ist die Verbrechensrate hier niedriger – schließlich meidet, wem sein Leben lieb ist, den Park nach Anbruch der Dunkelheit. Der Park verschlingt Unsummen an Geld, um seine künstliche Wildheit zu erhalten, die von Millionen Besuchern jährlich zertrampelt wird. Und so erstreckt sich Central Park von der 59. bis zur 110. Straße bei einer Länge von vier Kilometern und einer Breite von etwa achthundert Metern zwischen der 5th Avenue und Central Park West. Er ist der Ort unzähliger Konzerte und Theateraufführungen sowie Drehort vieler Filme. Akrobaten, Musiker, Marionettenspieler treten dort auf. Er enthält einen Zoo, Sportplätze aller Art, Spielplätze, Jogging- und Fahrradwege, Seen mit Bootsverleih, Dutzende von Statuen, Ornithologenpfade und alles, was die Bewohner einer Stadt wie New York in einen Park locken mag.

In seinem Roman *Gehe hin und verkünde es vom Berge* beschreibt James Baldwin, wie es ist, allein im Park zu sein:

»Auf seinem Lieblingshügel im Central Park lag noch Schnee. Dieser Hügel befand sich in der Mitte des Parks, nicht weit vom Wasserreservoir entfernt. Dort, außerhalb des hohen Maschendrahtzauns, begegneten ihm immer Damen, weiße Damen in Pelzmänteln, die ihre großen Hunde ausführten, oder Herren, weiße alte Herren mit Spazierstöcken. An einer Stelle, die er instinktiv und auch an den Formen der Häuser, die den Park umgaben, erkannte, bog er in einen steilen, von Büschen überwachsenen Pfad ein und kletterte ein kurzes Stück bis zu der Lichtung, die sich den Hügel hinaufzog. Der Hang stieg jetzt vor ihm an, darüber stand der strahlende Himmel, und dahinter in der Ferne sah er verschwommen die Silhouette von New York.«

Statt eines gemeinsamen Gangs durch den Park seien hier seine wichtigsten und interessantesten Punkte und Orte genannt, die man – am Tag im Park zur freien Verfügung – nach eigenem Wunsch aufsuchen und ablaufen kann.

1. **Columbus Circle** – der südwestliche Eingang des Parks. Hier steht die Kolumbus-Statue, die 1892 am 400. Jahrestag der Entdeckung Amerikas aufgestellt wurde. Die italienische Gemeinde forderte damals, im Park noch einen weiteren Kolumbus zu plazieren, den die Leute sehen konnten – es wird klar: der Platz gefällt und gefiel nicht sehr. Ebenfalls dort wurde 1913 das USS Maine Monument für die 268 Seeleute errichtet, die im Februar 1898 bei einer mysteriösen Explosion an Bord des Schlachtschiffs USS Maine umkamen. Das Schiff sank im Hafen von La Habana, Kuba. Bis heute ist ungeklärt, wer die Explosion verursachte, wahrscheinlich aber handelte es sich um einen Unfall. William Randolph Hearst betrachtete die Explosion als Übergriff und kriegerischen Akt. Seine Journalisten fachten die Kriegsmaschine an, die sich im Amerikanisch-Spanischen Krieg desselben Jahres entlud. Das Ergebnis war die Einverleibung Kubas, der Philippinen und Puerto Ricos durch Amerika. Kurz vor dem Beginn der kriegerischen Auseinandersetzungen schrieb die *Washington Post* in einem Kommentar: »Ein neues Bewußtsein scheint über uns gekommen zu sein – das Bewußtsein der Stärke – und damit

verbunden ist ein neuer Appetit, das Verlangen, unsere Stärke zu zeigen [...] Ehrgeiz, Interesse, Landhunger, Stolz, die reine Freude am Kampf, was es auch sei, wir werden von einem neuen Gefühl getrieben. Wir befinden uns Angesicht zu Angesicht mit einem unbekannten Schicksal. Die Menschen haben den Geschmack nach Großreich im Mund, und das ist wie der Geschmack von Blut im Dschungel [...]«

2. Der **Umpire Rock** – erhielt seinen Namen, weil er das ihn umgebende Feld wie ein *umpire*, ein Schiedsrichter beim Baseball, überschaut. In der Struktur des Felsens kann man eingesprenkelten Granit, Felsspat und Quarz erkennen, wie er für die geologische Formation Manhattans typisch ist. Der Fels ist über 400 Millionen Jahre alt, und die an fünf Finger erinnernde Form im Westen ist das Ergebnis der letzten Gletscher vor zwanzigtausend Jahren. Gegenüber liegt der **Heckscher Playground**, der erste Spielplatz im Park, der 1926 mit einer Spende des Millionärs August Heckscher gebaut wurde. Die Schenkung löste eine lange Diskussion darüber aus, ob begüterte Bürger sich im Park verewigen dürften oder nicht. Es wurde auch diskutiert, ob überhaupt Spiel- und Sportplätze im Park gebaut werden sollten. Die Stadt war erheblich nach Norden gewachsen, und die reicheren Anlieger des Parks fürchteten, derartige Orte könnten die falschen Parkbesucher anziehen – arme Leute. Baseball blieb aus diesem Grund bis 1936 aus dem Park verbannt, bis auf der *Great Lawn*, der großen Wiese, ein Baseballfeld angelegt wurde.

3. Die **Tavern on the Green** lädt ein zu einer Verschnaufpause. Das Gebäude wurde 1870 gegen Frederick Law Olmsteds Willen von Boss Tweed mit der Unterstützung eines völ-

lig korrupten Rathauses errichtet. Ursprünglich hieß dieses heutige Luxusrestaurant *Sheepfold* und beherbergte die Schafe, die bis 1934 grasend die Wiesen »schnitten«. Die Schafe wurden in den Prospect Park nach Brooklyn ausgelagert; Sheepfold erhielt 1976 ein neues Gesicht, als es zum Restaurant umgebaut wurde. Zu empfehlen sind ein Essen an einem Sommerabend im Park und besonders auch der Brunch am Samstag und Sonntag. Reservierungen sind notwendig (Tel.: 873.32.00).

Gegenüber liegt **Sheep Meadow**, die von den Schafen abgegraste Rasenfläche, die heute – *no dogs, no bicycles, no radios* – Sonnenbadende und Frisbee-Spieler zum Ausruhen einlädt. 1967 fand dort ein von Hippies organisiertes *human be-in* nach dem Vorbild des *be-in* von San Francisco statt, an dem einhunderttausend Menschen teilgenommen und ein gigantisches *Yellow Submarine* hatten steigen ließen. Zehntausend Menschen versammelten sich unter freiem Himmel.

Ebenfalls 1967 war Sheep Meadow Ausgangspunkt eines Protestmarsches gegen den Vietnam-Krieg, der von Martin Luther King Jr. angeführt wurde. Zwei Jahre später, 1969, sprach hier Coretta Scott-King anstelle ihres kurz zuvor ermordeten Mannes vor über einhunderttausend Menschen. 1969 nahmen über dreitausend Menschen an einem sogenannten *lie-in* teil, um der Toten in Vietnam zu gedenken. 1975 fand hier eine Feier zum Endes des Vietnam-Kriegs statt. Neben vielen anderen sangen und sprachen Joan Baez, Harry Belafonte, Paul Simon und Richie Havens. Über der Bühne hing ein gewaltiges Transparent mit den Worten »War is Over«, ein Thema, das von John Lennon und Yoko Ono bei ihren berühmten *bed-ins* verwendet wurde.

Guggenheim Museum

4. Strawberry Fields. Dieser Ort, der »International Peace Garden«, wurde 1985 als Erinnerungsstätte für den 1980 nicht weit von hier ermordeten John Lennon errichtet. Der Name stammt aus dem berühmten Lied Lennons »Strawberry Fields Forever«. Lennon und Yoko Ono wohnten von 1974 an auf der gegenüberliegenden Straßenseite im *The Dakota*, einem Apartmenthaus in der West 72nd Street.

In diesem Teil des Parks wachsen, einem botanischen Garten gleich, Pflanzen aus aller Welt. Der Spaziergänger trifft hier auf ein rundes Mosaik mit dem Wort »Imagine« in der Mitte, Titel eines anderen Lennon-Songs. Zu Zeiten des Vietnam-Kriegs hatte Lennon vor, in allen Teilen der Vereinigten Staaten Protestkonzerte zu organisieren, die ihren Höhepunkt bei der Nationalversammlung der Republikanischen Partei im Jahr 1972 finden sollten. Seine Aktivitäten veranlaßten die Regierung, ihn des Landes zu verweisen. Der Versuch, ihn nach einer Verhaftung in England wegen des Besitzes von Marihuana des Landes zu verweisen, mißlang. Das FBI sammelte immerhin im Lauf der Jahre insgesamt dreizehn Kilo Akten gegen ihn.

5. The Literary Walk. Die im Stil von Versailles angelegte Promenade **The Mall** wird begrenzt von einer Reihe der höchsten Ulmen des Nordostens der USA, wie es stolz im Stadtführer heißt. Zwischen den Bäumen stehen Statuen und Büsten literarischer Größen von William Shakespeare bis Fitz-Greene Halleck (1790-1876), dem ersten amerikanischen Dichter, dem diese Ehre zuteil wurde. Halleck war Mitglied von James Fenimore Coopers Lunch-Club, dem ersten New Yorker Literaturclub. Er schrieb des öfteren für William Cullen Bryants *New York Review*; seinen Ruhm als Dichter erwarb er sich aber hauptsächlich durch seine zahlreichen Lesungen. Bis 1848 diente er John Jacob Astor, dem reichsten Mann und Raubbaron Amerikas, als Sekretär. Bryant schrieb über Halleck: Er »ist der beliebteste Dichter der Stadt New York, wo sein Name mit ganz besonderem Wohlwollen und Enthusiasmus geschätzt wird.«

6. **Metropolitan Museum of Art**. Dieses einmalige Museum auf der 5th Avenue zwischen der 80. und der 84. Straße verdient einen eigenen Besichtigungstag. Es steht auf dem öffentlichen Land des Parks und wurde zwischen 1874 und 1880 mit öffentlichen Geldern nach Entwürfen von Calvert Vaux im neugotischen Stil erbaut. Olmsted hatte ursprünglich jede Art von Gebäude als Verringerungen des zur Verfügung stehenden Freiraums im Park betrachtet. Das Museum nimmt heute über sechsundfünfzigtausend Quadratmeter des Parks ein. Zweimal wurde das Gebäude vergrößert. Als die Bedeutung des Museums jedoch wuchs, mußte ein erneuter Ausbau geplant werden. Der New Yorker Architekt Richard Morris Hunt baute den massiven Zentralteil und die Flügel mit ihren Innenhöfen. Doch er starb 1902, bevor seine Arbeit vollendet war, und sein Sohn, Richard Howland Hunt, stellte den Bau fertig. Trotz weiterer Um- und Ausbauten stellt der Zentraleingang noch immer den Mittelpunkt des Gebäudes dar und ist eine der hervorragendsten architektonischen Leistungen New Yorks. Die letzten Erweiterungen von Kevin Roche und John Dinkeloo in den 70er und 80er Jahren brachten die in Raster aufgeteilten reflektierenden Glaswände moderner Architektur direkt mit dem alten Gebäude in Kontakt.

Hinter *dem* Met (nicht zu verwechseln mit *der* Met, wie man in New York die *Metropolitan Opera* nennt) im Park steht der 3500 Jahre alte ägyptische **Obelisk**, der 1879 den

Vereinigten Staaten geschenkt wurde. William Vanderbilt, einer der Raubbarone und Gründerväter New Yorks, zahlte $ 100 000 dafür, ihn hier aufstellen zu lassen.

Für einen Museumsbesuch bietet sich in der Nähe des Parks das spektakuläre, 1959 von Frank Lloyd Wright erbaute **Solomon R. Guggenheim Museum** an, das dem Park gegenüber auf der 5th Avenue auf der Höhe der 88. Straße liegt. Wright ging es zeitlebens darum, Architektur von der »Form der Kiste« zu befreien, was ihm hier auf wunderbare Weise gelang. Wright wollte die Bilder so hängen, wie sie auf der Staffelei standen, ein wenig nach hinten geneigt. Die Wände der spiralförmigen Rampe, die die Besucher nach unten führt, wurden zu diesem Zweck abgeschrägt. Somit werden Ausstellung und Architektur als eine einzige sich gegenseitig ergänzende Einheit präsentiert. Es geht das Gerücht, jeder Kurator, der hier eine Ausstellung hängte, habe Wright für diesen romantischen Einfall verdammt.

Frank Lloyd Wright sah sein vollendetes Museum nie. Schon in den 1940ern hatte er an den Entwürfen gearbeitet, als 1959 schließlich mit dem Bau seiner »fliegenden Untertasse«, wie die New Yorker das Museum liebevoll nennen, begonnen wurde, verstarb er.

In New York machte der Witz die Runde, man habe nun ein Museum und brauche nur noch einen Ort, an dem die Bilder gezeigt werden könnten. Im Jahr 1992 schuf man diesen Ort in Form des vom Architekturbüro Gwathmey Siegel entworfenen und im Vergleich eher spröden Anbaus.

7. Das **Central Park Wildlife Conservation Center**, der **Central Park Zoo**, wurde zunächst gegen den Willen von Olmsted und Vaux gebaut, die fürchteten, der Park könnte seine natürliche Schönheit zugunsten mondäner Attraktionen ver-

Plaza Hotel am Central Park

lieren. Als er 1864 eingerichtet wurde, verfügte keine andere amerikanische Stadt über einen Zoo. Ursprünglich handelte es sich dabei um nichts anderes als um eine willkürliche Sammlung gespendeter Tiere. »Haustiere von verstorbenen Kindern« war Olmsteds Witz. Ferner überwinterten hier Tiere aus P. T. Barnums Zirkus. 1934 baute man Gehege und Käfige, und 1988 eröffnete schließlich ein renovierter anderthalb Hektar großer Zoo mit vierhundertfünfzig Tieren seine Tore, der die Bezeichnung Zoo wahrlich verdiente.

Östlich vom Zoo, gleich an der 5th Avenue liegt, einer Festung ähnlich, **The Arsenal**, das einzige Gebäude, das bereits stand, als der Park noch in der Planung war. Es ist heute die Verwaltung des *Parks and Recreation Department* und des Zoos und beherbergt auch ein kleines Museum mit dem Original des Greenward-Plans von Olmsted und Vaux. In der zweiten Etage befindet sich eine Galerie. In diesem Teil des Parks sollte sich der Besucher den Klang des Glockenspiels der **Delacorte Clock** nicht entgehen lassen. Die von Andrea Spadini entworfene Uhr mit ihrer Menagerie von automatischen Tieren, darunter ein Tanzbär, ein Känguruh und ein Rhinozeros, die alle ein Instrument spielen, begeistert seit Mitte der 60er Jahre das Publikum.

Der Park ist in seiner Geschichte oft Ort von Übergriffen auf Frauen gewesen. Ganz in der Nähe des Zoos wurde 1909 Enrico Caruso verhaftet, weil er Frauen belästigt haben sollte. Der Weg um das Jacqueline Onassis Reservoir im Norden ist ein beliebter Weg für Jogger, man kennt ihn aus vielen Filmen, Dustin Hoffman joggte hier als *Marathon Man*. Hier wurde eine bis heute anonyme Frau von einer Jugendbande umringt, sie schlugen und vergewaltigten sie und ließen sie schwerverletzt liegen. In einem die gesamte

Nation bewegenden Prozeß sagte sie gegen die Jugendlichen aus. Dem Park trug besonders dieser Zwischenfall einen sehr schlechten Ruf ein. Dennoch ist die Kriminalitätsrate hier weitaus niedriger als in anderen Teilen der Stadt oder des Landes.

8. **Shakespeare Garden** beheimatet ausschließlich Pflanzen, die in Shakespeares Texten vorkommen. Nicht weit entfernt, im 1962 erbauten **Delacorte Theater**, werden seine Stücke jeden Sommer beim *Shakespeare in the Park*-Festival von Joseph Papps Theatertruppe eintrittsfrei aufgeführt. Papp oder Papirofsky, wie sein wirklicher Name lautete, war ein kommunistischer Aktivist aus Brooklyn, der nach längerer Tätigkeit für den Fernsehsender CBS zum Theater kam. In den 50er Jahren führte er Shakespeares Stücke auf der Ladefläche eines Lasters in Central Park auf und begründete so eine neue Theatertradition, die der Theaterkritiker der *Village Voice* Ross Wetzsteon 1956 erstmals als *Off-Broadway* bezeichnete. Während der Kommunistenhatz der McCarthy-Ära mußte sich Papp vor dem *House Un-American Committee* wegen angeblicher kommunistischer Propaganda bei seinen Shakespeare-Aufführungen rechtfertigen und verlor seine Stelle bei CBS. In seinem *Public Theater* am Astor Place inszenierte er neben vielen experimentellen und politischen Stücken Produktionen wie *Hair* oder *A Chorus Line*. Im Mai 1982 fand im Delacorte Theater ein Kinderkonzert für den Abbau nuklearer Waffen statt. Es spielten James Taylor, Chaka Khan und Richie Havens.

Der Park bietet viele weitere Sehenswürdigkeiten. Da sind das Belvedere Castle, die Bethesda Fountain oder das Carousel, Bow Bridge, The Ramble, Cherry Hill und Cleopatras Needle. Wir aber beenden unseren Tag im Park an seinem beliebtesten Eingang, gehen durch *Scholar's Gate* an der 59. Straße und 5th Avenue und trinken bei **Henry Cipriani** (781 5th Avenue), der New Yorker Variante von Harry's Bar in Venedig, einen *Bellini*, einen Longdrink aus Pfirsichnektar und Prosecco.

Bibliographie

Access – NYC Restaurants 97/98. New York 1997

Martin Amis, Money. New York 1986

Anonym: Rhapsodie auf Gold; Lied vom westlichen Einfluß, in: Marlon K. Hom (Hrsg.), Songs of Gold Mountain. Cantonese Rhymes from San Francisco Chinatown. University of California Press, Berkeley 1989

Rose Ausländer, Gesammelte Werke in sieben Bänden. Frankfurt am Main 1985

Paul Auster, New York Trilogy. London 1992

Amiri Baraka, The Autobiography of Leroi Jones. New York. 1984

James Baldwin, Gehe hin und verkünde es vom Berge. Aus dem Amerikanischen von Jürgen Manthey. Reinbek bei Hamburg 1990

Samuel Cohen, How We Lived, in: Irving Howe/Kenneth Libo (Hrsg.), How We Lived: A Documentary History of Immigrant Jews in America, 1880-1930. New York 1979

William Corbett, New York Literary Lights. Saint Paul, Minnesota 1998

John Dos Passos, Manhattan Transfer. Boston 1953

du – Die Zeitschrift der Kultur: New York erzählt. Aus tausendundeiner Welt. Heft 4, April 1994

Herbert Genzmer, Die Einsamkeit des Zauberers. Frankfurt am Main 1991

Herbert Genzmer, Manhattan Bridge. Frankfurt am Main 1987

Geo-Spezial: New York. Hamburg Heft Nr. 4, 13. 8. 1986

Allen Ginsberg, Collected Poems: 1947-1980. New York 1984

Allen Ginsberg, Howl. New York 1986

John Clellon Holmes, Go. New York 1952

Tama Janowitz, A Cannibal in Manhattan

Tama Janowitz, Slaves of New York. New York 1986

Uwe Johnson, Jahrestage 1. Frankfurt am Main 1985

Jack Kerouac, Desolation Angels. New York. 1965

Jack Kerouac, On The Road. New York. 1957

Gwen Kinkead, Chinatown: A Portrait of a Closed Society. New York 1992

Wolfgang Koeppen, New York. München 1961

Sydney LeBlanc, 20th Century American Architecture. New York 1996[2]

Fran Lebowitz, Metropolitan Life. New York 1988

A. J. Liebling, Back Where I Came From. San Francisco 1990

Jay McInerney, Bright Lights, Big City. New York 1987

Jan Morris, Manhattan '45. Oxford 1987

Tryntje van Ness Seymore, Dylan Tomas' New York. Owings Mills, Maryland, 1978

Shaunessy O'Flurie, Soul. New Brunswick 1989

Gil Reavill/Jean Zimmerman, Manhattan. Oakland, California 1999

Jacob A. Riis, Photographer and Citizen. New York 1974

Caitlin Thomas, Mein Leben mit Dylan Thomas. Aus dem Englischen von Angela Uthe-Spencker. Weinheim, Berlin 1992

Andy Warhol, Die Philosophie des Andy Warhol von A bis Z und zurück. München 1991

Weegee. Naked City. New York 1985

Howard Zinn, A Peoples's History of the United States, 1492-Present. New York 1995

Bildnachweis

Ärztliche Versorgung | Die ärztliche Versorgung in den USA ist gemeinhin sehr gut, aber sehr teuer, einige Stunden in der Notaufnahme (Emergency Room) eines Krankenhauses kosten (ohne Eingriffe) leicht 1000 Dollar. In den meisten Fällen gilt, daß der Arzt tätig wird, wenn die Bezahlung geregelt ist. Man nimmt überall Kreditkarten. Pflichtversicherungen zahlen in den USA nicht, es ist also in jedem Fall empfehlenswert eine Reisekrankenversicherung abzuschließen.

Einreise | Mit einem gültigen Reisepaß können Einwohner der Europäischen Gemeinschaft und der Schweiz ohne Visum bis drei Monate in den USA bleiben.

Gastronomie und Nachtleben | Die Menge der Restaurants, Bars, Cafés, Clubs und sonstigen Lokale füllt ganze Bücher wie z.B. den Access Restaurant Guide mit seinen 270 Seiten. Hier eine Liste anzulegen würde den Rahmen sprengen. Es sei verwiesen auf die während der jeweiligen Gänge erwähnten Lokale. Für weitere Informationen bzw. Szenetips empfehle ich die *Village Voice*, einen Restaurantführer wie den oben erwähnten oder die Internetseiten: www.sidewalk.com oder www.zagat.com (letztere mit den besten Szeneinformationen)

Geld | Am besten funktioniert die Kreditkarte, die Euro/Mastercard geht ohne Probleme überall. Euros sind schwer unter die Leute zu bringen. Reiseschecks in Dollar sind ebenfalls ein gern gesehenes Zahlungsmittel. Man sollte für alle Fälle eine Geheimzahl für die Kreditkarte haben, um notfalls Geld aus dem Automaten (ATM – automatic teller machine) holen zu können.

Kleidung | Gibt man sich in den USA auch gern ungezwungen und leger, so unterliegen doch bestimmte Orte oder Gelegenheiten festen Kleidungsregeln, und manche Restaurants verlangen Krawatte und Jackett.

Konsulate | Generalkonsulat der Bundesrepublik Deutschland
871 United Nations Plaza · New York, NY 10017, USA
Telefon (2 12) 6 10-97 00

Österreichisches Generalkonsulat
31 East 68th Street · New York, NY 10021
Telefon (2 12) 7 37 64 00

Schweizerisches Generalkonsulat
633 3rd Ave. 30th floor · New York, NY 10017/6706
Telefon (2 12) 5 99 57 00

Kriminalität | Nie Held sein wollen!

Maße, Gewichte, Temperaturen

1 inch (in.) – 2.54 cm	1 pint (pt.) – 0.473 Liter
1 foot (ft.) – 30.48 cm	1 quart (qt.) – 0.946 Liter
1 yard (yd.) – 91.44 cm	1 gallon (gal.) – 3.785 Liter
1 mile (mi.) – 1.609 km	
	1 ounce (oz.) – 28.35 gr
1 acre – 4047 m^2	1 pound (lb.) – 453.6 gr

Temperaturen werden in Fahrenheit gemessen (F), die Formel zur Umrechnung in Celsius (Grad C)

$$F - 32 \times 5 : 9 = C$$

einige Temperaturangaben als Anhaltspunkte:
104 F = 40.0 C
80 F = 26.6 C
60 F = 10.0 C
32 F = 0.0 C

Museen
American Museum of Nation History, West 53rd. St.
Children's Museum of the Arts, 72 Spring Street
Ellis Island Immigration Museum, Ellis Island

Frick Collection, 1 East 70th St.
Solomon R. Guggenheim Museum, 1071 Fifth Avenue
Guggenheim Museum SoHo, 575 Broadway
Lower East Side Tenement Museum, 97 Orchard St.
Metropolitan Museum of Art, Fifth Ave. an der 82nd St.
Museum of the City of New York, 1220 Fifth Avenue
Museum of Modern Art, 11 West 53 St.
New Museum of Contemporary Art, 583 Broadway
Schomburg Center for Research in Black Culture, 515 Lenox Ave.
Whitney Museum of American Art, 945 Madison Ave.
Whitney Museum of American Art at Phillip Morris, 120 Park Ave.

Notruf | 911 ist der allgemeine Notruf für alle Notfälle wie Feuer, Überfall, Unfall.
Wenn Sie von einem Telefon aus 0 wählen, meldet sich ein Operator, der oder die ebenfalls behilflich sein kann.

Reiseinformation | Fremdenverkehrsamt der USA Platenstraße 1; 60320 Frankfurt a. M.; Tel.: 0 69-95 67 90 18 Mo-Fr 9-13 Uhr nur telefonische Anfragen

Im Restaurant | Selbst in Cafés oder kleinen Restaurants setzt man sich nicht einfach an einen Tisch, sondern wartet auf den Kellner oder Maître, der einen an einen Tisch geleitet. Sind Sie mit einem Tisch nicht zufrieden, melden Sie Ihre Kritik ruhig an, bedenken Sie: Der Kunde ist König.
 Was das Trinkgeld anbelangt, so ist es nie in der Rechnung enthalten, es sei denn das Restaurant weist dies ausdrücklich aus, oder Sie kommen mit einer größeren Gruppe. Trinkgeld oder ›Tip‹ ist jedoch nie eine ›kleine‹ Geste Ihrerseits, sondern es unterliegt festen Regeln. Im Grunde wird jede Dienstleistung mit einem ›Tip‹ belohnt, denn Menschen in Dienstleistungsberufen leben bei kleinem Grundgehalt von den ›Tips‹.
 Kellner bekommen immer mind. 15%.

Strom | In den USA verwendet man 110 Volt, läßt sich Ihr Gerät nicht umschalten, sollte es zu Hause bleiben. Außerdem braucht man einen Adapter für den Stecker, der ebenfalls anders aussieht.

Wetter | Im Sommer ist es sehr heiß. Es ist die Zeit der »Midnight Specials« aus Mickey Spilanes Romanen, der kleinen Pistolen, die gerade in den heißen Sommernächten besonders oft zur Anwendung kommen. Im Winter wird es empfindlich kalt. Die geographische Nord-Süd-Ausrichtung des amerikanischen Kontinents läßt arktisches Wetter im Winter weit nach Süden vordringen – man bedenke, daß New York auf der Höhe von Rom liegt – und im Sommer die hohen Temperaturen des Südens weit in den Norden steigen.

Zeit | Der Zeitunterschied zwischen Deutschland und New York beträgt sechs Stunden, wobei New York sechs Stunden zurück liegt. 12 Uhr mittags am Atlantik bedeutet 18 Uhr in Frankfurt.

Literarische Reisebegleiter
im insel taschenbuch
Eine Auswahl

Städte

Amsterdam. Literarische Spaziergänge. Von Christa Dericum. Mit farbigen Fotografien. it 2828. 250 Seiten

Athen. Literarische Spaziergänge. Herausgegeben von Paul Ludwig Völzing. Mit farbigen Fotografien. it 2505. 314 Seiten

Mit Brecht durch Berlin. Ein literarischer Reiseführer. Von Michael Bienert. Mit zahlreichen Fotografien. it 2169. 271 Seiten

Literarischer Führer Berlin. Von Fred Oberhauser und Nicole Henneberg. Mit zahlreichen Abbildungen, Karten und Registern. it 2177. 517 Seiten

Bremen. Literarische Spaziergänge. Von Johann-Günther König. Mit farbigen Fotografien. it 2621. 272 Seiten

Dresden. Ein Reisebuch. Herausgegeben von Katrin Nitzschke unter Mitarbeit von Reinhardt Eigenwill. Mit zahlreichen Abbildungen. it 1365. 294 Seiten

Frankfurt. Acht literarische Spaziergänge von Siegfried Diehl. Mit farbigen Fotografien. it 2197. 190 Seiten

Frankfurts Hohe Häuser. Von Dieter Bartetzko. Mit farbigen Fotografien von Horst und Daniel Zielske. it 2653. 121 Seiten

Granada. Ein literarisches Porträt. Herausgegeben von Nina Koidl. Mit farbigen Fotografien. it 2635. 243 Seiten

Hamburg. Ein Städte-Lesebuch. Herausgegeben von Eckhart Kleßmann. Mit zahlreichen Abbildungen. it 1312. 305 Seiten

Heidelberg-Lesebuch. Stadt-Bilder von 1800 bis heute. Herausgegeben von Michael Buselmeier. it 913. 385 Seiten

Der Kölner Dom. Ein literarischer Führer. Herausgegeben von Markus Klein. Mit zahlreichen Abbildungen. it 2226. 149 Seiten

Leipzig. Literarische Spaziergänge. Herausgegeben von Werner Marx. Mit farbigen Fotografien. it 2710. 222 Seiten

Lissabon. Ein Städte-Lesebuch. Herausgegeben von Ellen Heinemann. it 2106. 390 Seiten

London. Literarische Spaziergänge. Herausgegeben von Harald Raykowski. it 2554. 272 Seiten

Madrid. Ein literarisches Porträt. Herausgegeben von Elke Wehr. Mit zahlreichen Abbildungen. it 1981. 272 Seiten

Mainz. Ein literarisches Porträt. Herausgegeben von Jens Frederiksen. Mit Fotografien von Sascha Kopp. it 2163. 195 Seiten

Prag. Ein Lesebuch. Herausgegeben und mit einem Nachwort versehen von Jana Halamičková. Mit Fotografien und Illustrationen. it 994. 386 Seiten

Geschichten aus dem alten Prag. Sippurim. Herausgegeben von Peter Demetz. it 1519. 376 Seiten

NF 31/2/4.02

Rom. Ein literarisches Porträt. Herausgegeben von Michael Worbs. Mit farbigen Fotografien. it 2298. 320 Seiten

Mit Marie Luise Kaschnitz durch Rom. Herausgegeben von Iris Schnebel-Kaschnitz und Michael Marschall von Bieberstein. Mit Fotografien von Mario Clementi. it 2607. 196 Seiten

St. Petersburg. Literarische Spaziergänge. Von Ingrid Schalthöfer. Mit farbigen Fotografien. it 2833. 240 Seiten

Trier. Deutschlands älteste Stadt. Reisebuch. Herausgegeben von Michael Schroeder. Mit Fotografien von Konstantin Schroeder. it 1574. 260 Seiten

Tübingen. Ein literarischer Spaziergang. Herausgegeben von Gert Ueding. Mit zahlreichen Abbildungen. it 1246. 384 Seiten

Venedig. Der literarische Führer. Herausgegeben von Doris und Arnold E. Maurer. Mit zahlreichen Fotografien. it 1413. 188 Seiten

Wien. Ein literarisches Porträt. Herausgegeben von Joseph Peter Strelka. Mit farbigen Fotografien. it 1573. 254 Seiten

Wiener Adressen. Ein kulturhistorischer Wegweiser mit Straßenplänen und Fotos von Dietmar Grieser. it 1203. 217 Seiten

Das Wiener Kaffeehaus. Mit zahlreichen Abbildungen und Hinweisen auf Wiener Kaffeehäuser. Herausgegeben von Kurt-Jürgen Heering. it 1318. 318 Seiten

Alle Wege führen nach Wien. Abenteuer eines Literaturtouristen. Von Dietmar Grieser. it 2543. 255 Seiten

Würzburg. Literarische Reisewege. Herausgegeben und mit einem Nachwort versehen von Stefan Janson. Mit farbigen Abbildungen. it 2276. 220 Seiten

Landschaften • Länder • Kontinente

Amerika

Kalifornien. Ein Reiselesebuch. Herausgegeben von Herbert Genzmer. Mit farbigen Fotografien. it 2636. 282 Seiten

Harry Graf Kessler. Notizen über Mexiko. Herausgegeben von Alexander Ritter. Mit zahlreichen Abbildungen. it 2176. 182 Seiten

Martin Walser/André Ficus. Die Amerikareise. Versuch, ein Gefühl zu verstehen. Mit 51 farbigen Bildern von André Ficus. it 1243. 117 Seiten

Deutschland

Hans Christian Andersen. Schattenbilder einer Reise in den Harz, die sächsische Schweiz etc., etc. im Sommer 1831. Herausgegeben von Ulrich Sonnenberg. Mit zahlreichen zeitgenössischen Abbildungen. it 2818. 240 Seiten

Bodensee. Reisebuch. Herausgegeben von Dominik Jost. Mit farbigen Abbildungen. it 1490. 313 Seiten

Der Rhein. Eine Reise mit Geschichten, Gedichten und farbigen Fotografien. Herausgegeben von Helmut J. Schneider unter Mitarbeit von Michael Serrer. Mit Fotografien von Pieter Jos van Limbergen. it 1966. 206 Seiten